제주 근대건축 산책

제주만의 이야기가 깃든
근대 유산을 찾아서

제주
근대건축
산책

김태일 지음

루아크
RUACH

제주 근대건축에 관하여

해방 이후 제주 사회와 근대건축이라는 유산

잘 알려져 있지는 않지만 육지에서 멀리 떨어진 제주에도 문화재적 가치를 지닌 건축 유산들이 곳곳에 남아 있다. 근대에서 현대로 이어지는 전환기에 건축된 이들 문화재는 사람들의 관심을 받지 못한 채 서서히 잊히고 있지만, 제주 역사의 한 단면을 보여준다는 점에서 중요한 사회적 자산임이 분명하다.

이런 건축 유산들은 사회적·경제적 혹은 정치적 필요에 따라 축조된 산물이다. 그렇기에 이 유산들을 살피다 보면 당시 건축 양식과 기술 수준을 파악할 수 있을 뿐 아니라 사회상과 사람들의 생각, 삶의 모습까지 유추할 수 있다. 건축 유산 자체가 사회성과 역사성 그리고 문화성이라는 가치를 내포하고 있는 까닭이다. 낡고 허름하고 보잘것없는 건축 유산이라 할지라도 우리가 지속적으로 관심을 갖고 그 명맥을 이어가야 하는 이유이기도 하다.

시대별로 제주의 건축문화가 어떻게 바뀌었는지 알려면 먼저 제주 사회의 변화 과정을 간략하게 살펴볼 필요가 있다. 제주 사회의 변화는 크게 다섯 가지로 구분할 수 있다. 일제강점기를 전후한 변화, 군사정권 시기 관광지 중심으로 추진된 개발계획에 따른 변화, 1991년 도입 과정에서 진통을 겪었던 제주도개발특별법 제정 이후의 변화, 2002년 제주국제자유도시특별법이 가져온 변화, 2006년 제주특별자치도 출범 이후의 변화다. 이 변화들은 제주의 산업구조나 건축, 사람들의 생활에 적지 않은 영향을 주었다.

이런 변화 상황을 고려해 제주 사회를 시대적으로 나누자면 다음과 같을 것이다. 일제강점기에 새로운 문화가 유입된 이른바 이종문화異種文化 유입기(1910~1945년), 해방 이후의 사회적 혼란기(1945~1950년), 제주4·3사건(이하 4·3사건)으로 어수선한 사회를 조기에 안정시키고 국내 대표 관광지로서 제주를 탈바꿈시키는 데에 초점을 맞췄던 개발추진기(1960년대)와 개발정착기(1970년대) 그리고 발전기(1980년대), 꾸준히 사회와 경제가 성장하면서 지역 정체성이 자리 잡고 이것이 지역 발전으로 전환되기 시작했던 모색기(1990년대), 특별자치도와 국제자유도시 지정으로 새로운 도약을 추진했던 전환기(2000년대), 외국 자본과 인구의 급속한 유입으로 사회 구성과 가치관이 다원화되기 시작한 다변기(2010년대)다.

여기서 제주만의 '근대'를 별도로 구분 짓자면 이종문화 유입기인 1910년부터 개발정착기인 1970년대까지로 보는 것이 적절

하지 않을까 한다. 근대라는 구분은 정치적, 경제적, 사회적 변화 요인을 고려한 다양한 시점에 따라 차이가 있을 수 있다. 굳이 제주의 근대를 1970년대까지로 규정한 것은 그 이전과 이후의 제주가 뚜렷이 달라져서다. 곧 1980년대부터 시작된 '신제주 건설' 계획에 따라 도청과 시청이 이전되었고 단지형의 대규모 집합주택이 건설되었으며, 1985년 1차 제주종합개발계획 같은 새로운 변화가 사회·경제적 제반 여건을 크게 변화시킨 것이다.

근대를 거치는 동안 제주에는 수많은 건축물이 들어섰다. 일제강점기에는 중국을 폭격할 목적으로 모슬포에 군용 비행장이 건설되었는가 하면, 1937년 이후에는 각지에 방공포 진지가 구축되었고, 해방 뒤에는 4·3사건과 관련한 가슴 아픈 유적들이 곳곳에 남겨졌다. 곧이어 일어난 한국전쟁 때는 육군 제1훈련소를 비롯한 각종 군사시설이 들어섰고, 사회가 어느 정도 안정되면서는 제주도청·제주시청 같은 행정건축물, 제주대학교 본관·교육대학 같은 학교건축물, 동문시장·동양극장 같은 상업건축물, 피난민주택·후생주택 같은 서민주택들이 하나 둘 자리를 잡았다.

고난과 고통으로 가득한 근대라는 시기를 거치면서 때로는 제주도민의 의사와 상관없는 수많은 건축물이 세워지기도 했는데, 아이러니하게도 그 유산들이 '근대건축'이라는 이름으로 제주 역사의 굴곡을 생생하게 전해주고 있다.

이 책에서는 바로 그 고난과 고통의 시기에 들어선 제주만의 유산들, 곧 다양한 형태로 남아 있는 근대건축물을 찬찬히 들여

다보면서 각각의 건축물들이 탄생한 사회적 배경과 건축적 특징을 살피고자 한다.

　아름다운 풍광을 지닌 관광지로서 제주를 방문하는 것도 의미 있는 일이겠지만, 한걸음 더 나아가 이 책을 읽으면서 제주만의 이야기가 깃든 근대 유산들을 기억하고 따라가본다면 우리가 잘 알지 못했던 제주의 속살을 조금 더 가까이에서 볼 수 있을 것이다. 그렇게 된다면 제주를 아끼는 한 시민으로서 더 바랄 것이 없겠다.

김태일

차례

1부

일제강점기의 삶을 반영하는 근대건축물

1장

근대 등대의 등장과
도대불

근대 등대의 등장

　제주도는 매력 넘치는 섬이다. 그 매력만큼 제주에는 여러 신화가 존재하는데, 그중 하나가 설문대할망 이야기다. 설문대할망은 제주도를 만들었다고 전해지는 여신女神으로 관련 신화를 요약하면 다음과 같다.

　설문대할망이 바다 가운데에서 치마폭으로 흙을 날라 한라산을 쌓았고, 산이 너무 높아 봉우리를 꺾어 던지니 산방산이 만들어졌고, 흙을 나르다가 치마에서 떨어진 흙부스러기들이 360여 개의 오름으로 태어났다. 그러나 바다 한가운데 외롭게 자리 잡은 제주도는 육지에 대한 갈망이 컸다. 이에 설문대할망은 제주 백성들에게 명주 100동(1동은 50필)으로 속옷을 한 벌 만들어오면 육지까지 다리를 놓아주겠다고 약속했다. 그러나 백성들은 명주를 99동밖에 모으지 못했고 결국 다리는 만들어지지 못했다.

겨우 명주 한 동 때문에 육지와 이어지지 못한 아쉬움과 미련은 제주의 한계로 인식될 수 있지만, 한편으로는 섬으로서의 의미와 가치가 역설적으로 강조되는 부분이기도 하다. 섬으로 남은 제주는 자연스럽게 뱃길을 통해 육지와 교역하는 길을 택했다. 삼국시대부터 해상을 통해 육지와 활발한 왕래가 있었는데, 특히 고려시대에는 삼별초三別抄(몽골 침략기에 몽골에 대항하던 고려의 무장 세력)가 뱃길로 제주에 들어왔고, 일본을 정벌하기 위해 고려와 몽골 연합군이 제주를 기점으로 삼기도 했다. 여러 사실史實을 고려해보면, 거센 바다를 다스릴 수 있을 만큼 당시 제주는 조선술과 항해술이 상당히 발달했던 것으로 보인다. 그리고 이런 해양 기술은 이후 어업 분야에 적극 활용되었다.

그러나 조선의 인조 시대에서 순조 시대에 이르기까지 약200년(1629~1830년)에 걸쳐 제주에 내려진 도민출육금지령島民出陸禁止令은 인적 교류와 문화 교류의 단절을 초래했고, 이는 어업 문화에도 상당한 영향을 주었다. 육지로 탈출하는 것을 막기 위해 튼튼한 고깃배를 제작하지 못하게 하거나, 먼 바다로 나가 고기 잡는 것조차 못하게끔 규제함으로써 결과적으로 구상나무 혹은 삼나무를 통째로 잘라 제작한 '테우'가 보여주듯 조선술은 쇠퇴할 수밖에 없었다. 당연히 어업 활동의 영역은 근해어업 중심으로 크게 축소되고 말았다.

해상 교역과 어업 활동이 변화되기 시작한 것은 일제강점기 들어 원활한 물자 수송을 위해 포구가 확장되면서다. 당시 포구를

» 제주의 관문인 제주항을 밝히는 산지등대. 오른쪽이 1916년에 만든 등대이고, 왼쪽이 1999년 새로 지은 등대다.

확장하는 과정에서 빼놓을 수 없는 작업이 바로 등대를 설치하는 일이었다. 제주에 건축된 대표적인 등대로는 한국에서 여섯 번째로 만들어진 우도등대(1906년)와 그 이후에 세워진 마라도등대(1915년), 산지등대(1916년)가 있다. 이들 등대는 아마도 침탈 물자와 사람들을 실은 배가 안전하게 일본과 한국을 오갈 수 있도록 하려는 목적에서 건축된 제국주의의 산물일 것이다. 따라서 당시 등대는 지금처럼 낭만적인 구조물이 아니었다. 그 배경이 어찌 되었든 제주의 등대는 항구로 들어오는 선박에게는 안전한 뱃길을 안

내하는 소통의 빛이었고, 고달픈 뱃사람들에게는 무사히 뭍에 도착했다는 안도감을 주는 아름다운 빛이었을 것이다. 그렇게 세월이 흐르면서 제주의 등대는 등대 고유의 기능을 수행하는 것을 넘어 지역의 역사·문화적 상징물로 자리매김했다.

먼 바다까지 강렬한 빛을 보내는 역할을 담당한 것이 관청 주도로 건축된 현대식 등대였다면, 근해에서 어업 활동을 하는 어촌 주민들이 필요에 따라 자발적으로 만들고 관리했던 것이 바로 도대불(도다이불) 혹은 등명대燈明臺라 부르는 등대였다(일반적으로 제주에서는 도대불로 부르고 있으니 이 책에서도 도대불이라는 명칭을 사용하겠다). 도대불은 제주에만 존재하는 독특한 형태의 등대로서 제주 어업문화 발달사에서 매우 중요한 의미를 지닌 건조물이다. 어렵고 암울한 일제강점기 어촌 사람들의 삶의 모습을 고스란히 담고 있기 때문이다. 도대불은 마치 제주의 미륵과도 같은 상징성을 지니고 있다.

제주의 옛 마을을 지켜주었던 것은 돌하르방과 미륵이었다. 돌하르방이 관청 주도로 읍성의 주요 출입구에 세워져 출입문 개폐 여부를 확인하는 기호이자 이정표로서 그리고 수호신으로서 기능했다면, 미륵은 민간 주도로 만들어진 신앙적 의미가 담긴 수호신이었다. 이는 일제강점기에 행정력이 주도해 현대식 등대를 건축한 것 그리고 어촌 사람들이 주도해 도대불을 설치한 것과 비슷한 맥락이라고 볼 수 있겠다.

제주의 대표적인 미륵은 용담동과 건입동에 남아 있는 것이다. 용담동 미륵을 서자복西資福('큰어른' '미륵부처' '자목신' '복신미륵'으로도 부름)이라 하고, 건입동 미륵을 동자복東資福('동미륵' '미륵부처' '미륵님' '돌부처'로도 부름)이라 부르는데, 각각 아들을 낳게 해주고 각종 질병을 예방해주는 수호신으로 기능했다. 제주읍성을 사이에 두고 각각 동쪽과 서쪽에 자리를 잡고 바다를 향해 서 있는 이들 미륵은 외부로부터 침입을 막아주고 바다에서 작업하는 어부들의 무사귀환을 기원했던 도대불과 분명 같은 염원을 품고 있었을 것이다.

한국에서 이른바 서양식 유인등대有人燈臺가 처음 건설된 것은 대한제국의 초청 형식으로 한국을 방문한 일본인 기사技師 이시바시 아야히코石橋絢彦가 건축한 인천 팔미도등대(1903년)로 알려져 있다. 일제강점기 침략의 유산이지만 110여 년이 지난 지금은 우리에게 소중한 문화재로 변모한 이들 등대는 대부분 콘크리트조였지만 목조, 석조, 벽돌조, 철제구조물로 된 등대도 전해진다. 등대는 고유의 기능과 목적을 위해 보통 지대가 높은 벼랑이나 곶, 또는 육지에서 멀리 떨어진 섬의 가장 높은 지대에 들어섰다. 아울러 염분이나 거센 파도에도 버텨내야 했기에 당시 건축 여건이나 기술 수준을 고려했을 때 최고 수준의 기술이 집약된 건축물이었다. 팔미도등대를 건축한 이시바시가 정규 대학을 졸업하고 영국으로 유학해 각국의 등대를 견학한 뒤 일본 등대 건설에 공헌했던 점을 생각해보면 충분히 추측해볼 수 있는 대목이다.

인천 부도등대(1904년), 여수 거문도등대(1905년), 제주 우도등

» 1905년 목재로 건축된 제주 최초의 등대인 등간(앞, 2006년 복원)과 1919년 건축된 근대식 우도등대(뒤).

대(1905년), 울산 울기등대(1906년), 해남 시하도등대, 진도 죽도등대, 신안 소흑산도등대(1907년), 부산 가덕도등대, 진도 하조도등대(1909년), 울진 죽변등대, 여수 소리도등대(1910년), 신안 암태도등대(1913년), 제주 마라도등대(1915년), 제주 산지등대(1916년) 들이 모두 100년 이상의 역사를 지닌 등대다. 그중에서 제주 우도등대는 1905년 목재를 이용해 약 한 달 만에 완공되었는데, 기둥을 세워 등불을 달았던 등간燈竿이 먼저 건축되었다. 서둘러 목조 등간을 완공해야 했던 것은 러일전쟁(1904~1905년)에 대비하기 위한 전략

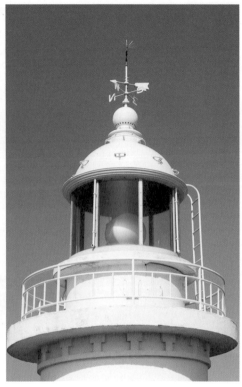

» 출입구, 몸체, 상부와 하부 구조물이 세련되게 디자인된 우도등대.

적 목적 때문이었다. 곧 러시아 발틱함대의 항해를 파악하기 위해
서였다. 이곳 말고도 일본은 비밀리에 모슬봉을 비롯한 여러 곳에
관측소를 둔 것으로 전해진다.

당시 우도에도 해군 초소가 설치되어 한동안 군인들이 등간
을 관리했는데, 약 6미터 높이의 나무 기둥에 도르래를 달아 석유
등을 등탑에 올리는 단순한 구조였다. 이후에는 가스등으로 교체

되었다고 한다. 우도등대가 넓은 의미에서 등대로 기능하게 된 것은 1906년 3월부터다. 그 뒤 1919년 목재 등간을 철거하고 벽돌을 사용한 조적식 원형 등대를 새로 지었다. 근대식 우도등대는 산지등대와 형태가 유사한데 출입구나 몸체, 내부 계단 그리고 가스등을 밝히는 등탑 상부와 하부 구조물이 상당히 세련된 모습으로 디자인되었다.

아름다운 빛, 소통의 빛 제주 도대불

도대불의 어원

제주에는 강인한 제주 여성들의 삶을 보여주는 해녀 이야기, 한라산과 바다를 이어주는 아름다운 포구 이야기, 지형 조건을 이용해 고기를 잡았던 원 이야기 같은 바다와 관련된 이야기가 수없이 많다. 물론 등대 이야기도 빼놓을 수 없는데, 앞서 언급한 민간 등대인 도대불이 대표적이다. 도대불의 건축 연대는 정확히 알 수 없지만 현존하는 용담동 도대불이 1957년에 마지막으로 세워진 것을 감안하면 전기가 본격적으로 들어오기 전까지 도대불이 건축되었던 듯하다. 북촌리 도대불 건립비에 "대정大正 4년(1915년) 12월 건립"이라고 기록된 것으로 봐서 일반적으로 도대불의 건축 연대는 대략 1910~1940년 사이인 것으로 보인다. 사실 도대불에 대한 조사나 연구는 거의 안 되어 있는 실정이다. 그나마 재미학자 이덕희가 제주 포구를 답사하며 정리한 《제주의 도대불》이 유일한 자료로 남아 있다.

도대불의 어원에 관해서는 몇 가지 이야기가 전해진다. 배의 돛대처럼 높은 대臺를 이용해 불을 밝혔기 때문에 '돛대불'이라 부르게 된 데서 유래했다는 주장이 있고, 배가 오가는 길道을 밝힌 대臺라는 의미에서 '道臺불(도대불)'로 일컬었다는 견해도 있다. 또 도대불이 일본 등대의 형식을 따랐다면서 일제강점기에 사용되었던 언어인 일본어에서 왔다는 이야기도 있다. 등대라는 말을 뜻하는 일본어 '도다이とうだい'가 '도대'가 되었다는 말이다.

모두 그럴 듯하다. 먼저 일본 등대와 관련 있다는 주장을 살펴보자. 일본의 옛 등대와 도대불이 유사한 형태를 하고 있는 것은 맞다. 효고현의 아카시항구등대明石港舊燈台는 크기와 비례감, 축조 기법은 다르지만 기단 부분이나 삼각 형태의 본체, 계단, 불을 피웠던 상부가 애월읍의 도대불과 유사하다. 또 후쿠이현의 다카토로高燈籠와 기후현의 스미요시등대住吉燈台는 고산리의 도대불 형태와 상당히 유사하다. 도대불이 건축되었던 시기가 일제강점기였고, 근해에서 어업 활동을 했던 어민들이 자발적으로 건축했다는 점을 고려해보면 비용이 적게 들고 손쉽게 축조할 수 있는 형태를 일본에서 찾았을 가능성도 있다.

그런데 제주 도대불 일부가 일본의 옛 등대와 유사하긴 하지만 한반도 제주 외의 포구에서는 이런 형태를 찾아볼 수 없다는 점에서 도대불이 일본의 옛 등대를 모방했다는 주장은 설득력이

《 일본에·현존하는 아카시항구
등대(1657년, 효고현 아카시시).
》 다카토로(1802년, 후쿠이현
츠루가시).

떨어진다. 두모리 도대불은 조선 세종 때에 축조된 연대煙臺 위에 세워졌는데 사다리꼴 형태의 하부 구조 위에 점등 도구를 보호하기 위해 작은 집을 지은 형태라는 점, 용담동 도대불은 방사탑 형태라는 점을 고려해보면, 연대나 돌탑과 같은 높은 구조물이 실질적 기능을 상실할 무렵부터 마을 사람들은 이를 도대불로 이용하지 않았나 싶다. 다시 말해 이미 오래전부터 제주 사람들은 이런 형태의 구조물을 도대불이라 부르며 사용한 것이다.

실제로 제주 여러 포구에 산재해 있는 원형 그대로 보존된 여섯 곳의 도대불, 복원된 일곱 곳의 도대불 그리고 사라진 네 곳의 도대불 자료를 살펴보면 이들이 자연석으로 쌓은 원뿔형, 사다리형, 사각형 형태를 취하고 있다는 것을 알 수 있다. 다시 말해 다양한 형태를 갖고 있는 것이다. 일부분은 일본 옛 등대를 참고했을 수도 있지만 기본적으로 제주의 돌로 기본 구조물을 쌓거나 새로 건축하는 과정에서 기능적이고 자연스러운 형태로 개량되었을 것으로 추정된다.

도대불은 누가 관리했을까?

도대불 관리와 운영은 주로 마을 어부들이 담당했다. 해질 무렵 뱃일 나가는 보재기(어부)들이 당번을 정해 불을 켜기도 했고, 특정인에게 점등과 소등을 맡기기도 했다. 불을 놓아두었던 상부는 도대불 형태에 따라 각기 다른 모양을 하고 있는데, 방사탑형인 용담동 도대불은 등만 놓는 구조였고, 고산리 도대불처럼 사다리

《 스미요시등대(1688~1704년경, 기후현 오가키시).

» 용담동 도대불. 철거 이전의 모습(왼쪽)과 철거 후 복원된 모습(오른쪽).

형은 불을 보호하기 위한 지붕 형태의 석등을 별도로 설치한 듯하다. 북촌리 도대불, 하귀리 도대불처럼 상부가 비교적 넓고 평탄한 경우에는 불을 걸어두기 위한 철제나 목재 구조물을 두었던 것으로 보인다.

도대불 점등에 사용된 연료도 시대에 따라 달라졌다. 초기에는 자연에서 구할 수 있는 솔칵(송진이 많은 소나무 가지나 옹기를 칭하는 제주어)이나 생선기름인 비근다리(상어류) 기름, 궂은(고기) 기름을 사용했지만, 나중에는 석유나 카바이드를 썼던 것으로 전해진

《 연대 위에 세워진 두모리 도대불.

» 불을 놓아두었던 도대불 상부
모습. 용담동 도대불(위), 고산리
도대불(왼쪽 아래), 하귀리 도대불
(오른쪽 아래).

다. 그러다 1970년대 마을에 전기가 들어오고 어업 기술이 발달하면서는 도대불의 역할이 차츰 축소되었고 결국에는 하나둘 사라졌다. 지금은 복원된 것을 제외하면 여섯 곳 정도만 원형이 남아 있다.

독특한 도대불 형태

앞서 언급했듯이 도대불은 일정한 형태를 갖고 있는 것이 거의 없다. 마을에 따라 형태가 제각각이다. 이는 도대불 축조나 활용 방식이 저마다 달랐기 때문인 듯하다. 그럼에도 굳이 유형을 정하자면 크게 세 가지로 볼 수 있겠다. 방사탑형, 연대형, 사다리형이다. 점등을 위한 계단의 유무에 따라 여기서 더 세부적으로 나뉘기도 한다.

사다리형 도대불에 대해 좀더 덧붙이자면 이 유형이 일본의 옛 등대와 유사한 형태다. 그러나 일본 등대가 잘 다듬어진 돌을 쌓은 것이라면, 제주의 도대불은 자연석을 있는 그대로 쌓은 형태다. 또 일본의 것은 아래에서 위로 갈수록 급격하게 좁아지지만 제주의 것은 완만한 곡선을 그리며 좁아진다. 대표적인 사다리형은 고산리 도대불인데 아랫부분에서부터 완만하게 굽어지며 위로 올라가는 곡선이 상당한 안정감을 준다.

도대불의 유형 분류

형태	구분	사례	특징
방사탑형	원뿔형	용담동 도대불	방사탑에 가까운 형태로 상부에 점등 기구를 설치함.
	원통-내부계단형	귀덕리 도대불	상부 점화 부분에 별도의 구조물을 둠.
	원뿔-외부계단형	김녕리 도대불	
연대형	기단형	구엄리 도대불	사각형 연대와 같은 형태이며 상부에 별도의 점화 부분을 둠.
	사각-내부계단형	신촌리 도대불	사각형 연대 형태이면서 내부에 계단을 두었고, 상부에는 별도의 점화 구조물을 둠.
	기단-외부계단형	두모리 도대불 하귀리 도대불	점화가 쉽도록 외부에 계단을 둔 연대 형태로서 상부에 별도의 점화 구조물을 둠.
사다리형	기단-마름모형	고산리 도대불	자연석 쌓기로 축조했고 흰색 시멘트로 마감해 독특한 의장을 연출함. 특히 본체는 완만하고 미묘한 곡선미를 보임.
	마름모-외부계단형	애월읍 도대불 보목리 도대불	넓은 기단 위에 본체가 얹혀 있는 형태로 점화를 위한 외부 계단이 있음.
	마름모-항아리형	대포동 도대불	사다리형에서 변형된 형태로 본체 윗부분이 좁아지는 항아리 형태를 하고 있음. 상부에 별도의 점화 구조물을 둠.

지역색이 묻어나는 도대불

고산리 도대불의 미학과 역사적 가치

고산리 자구내포구에 살았던 주민들의 증언과 《고산향토지 高山鄕土誌》에 따르면, 일제강점기 당시 중일전쟁(1937~1941년)이 끝날 무렵 고산과 목포를 오가던 화물선이 야간에도 안전하게 입항할 수 있도록 해군용 항구가 축조되었는데, 고산리 도대불은 그때 자구내포구 축조공사를 맡았던 일본인 석공이 만들었다고 한다. 그러나 해군용 항구 축조를 위해 파견된 기술자가 민간의 도대불을 직접 만들었을 리는 없으므로 아마도 그의 도움을 받아 지역 주민들이 축조하지 않았을까 한다.

고산리 도대불은 현존하는 도대불 가운데 가장 온전한 형태로 남아 있는 것이다. 구조물은 가로세로 180센티미터의 기단과 280센티미터 높이의 본체 그리고 가로세로 40센티미터 크기의 점화대로 구성되어 있다. 본체의 완만한 곡선미는 고산리 도대불에서만 느낄 수 있는 아름다움이다. 원래는 자연석으로만 성층成層을 쌓았는데 보수 과정에서 자연석 사이의 틈새를 흰색 시멘트로 마감했다. 검은색 자연석과 흰색 시멘트가 묘한 조화를 이루면서

» 고산리 도대불의 정면도(왼쪽)와 우측면도(오른쪽).

현재의 독특한 모습을 연출하게 된 것이다. 정면의 '도대불'이라는 희미한 글씨가 새겨진 판석은 후대에 설치된 것으로 보인다. 다른 도대불과 달리 점화 부분으로 올라가는 계단이 없는 구조여서 사다리를 타고 올라 점화를 했다고 한다.

고산리 해안 마을 사람들의 애환을 외롭게 지켜보며 자리를 지킨 도대불은 자구내포구와 함께 역사적 상징물로 남게 될 우리 어업 문화의 중요한 유산임에 틀림없다.

독특한 조형미의 계단을 가진 김녕리 도대불

김녕리 도대불은 동김녕리 선창 남서쪽 해안가에 자리 잡고 있다. 행정구역 개편이 시행되기 전 옛 북제주군이 발간한 《북제주군의 문화유적 I 》에 따르면 김녕리 도대불의 원래 모습은 구엄리 도대불의 형태와 유사한 마름모꼴이었다고 한다. 그런데 1960년경 태풍으로 허물어지면서 이듬해인 1961년 북제주군청의 지원으로 용담동 도대불과 유사한 모양으로 다시 축조되었다. 마름모꼴 도대불이 바람을 견디기 어렵다고 판단해 바람의 저항을 상대적으로 적게 받는 원뿔형의 방사탑 형식을 취했던 것 같다.

용담동 도대불의 형식을 따르긴 했지만 등대로서 중요한 기능을 하는 상부에는 구엄리 도대불처럼 별도의 구조물을 설치해 놓았다고 한다. 지금도 상부에는 약 100~130센티미터 높이의 구조물과 그 중앙에 지지대를 설치했던 흔적이 남아 있다. 아마도

« 검은색 자연석과 흰색 시멘트가 묘한 조화를 이루는 고산리 도대불.

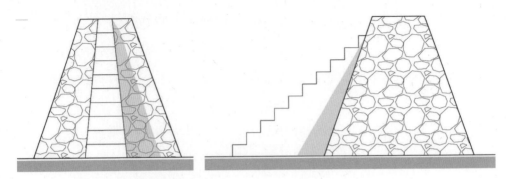

» 김녕리 도대불의 정면도(왼쪽)와 우측면도(오른쪽).

나무를 사용했던 것으로 보인다.

　김녕리 도대불의 가장 큰 특징은 몸체의 균형감이라 할 수 있다. 김녕리 도대불의 높이는 약 300센티미터이고, 하단 둘레는 335센티미터, 상단 둘레는 120센티미터로 아래에서 위로 갈수록 좁아지는 형상이다. 고산리 도대불, 보목리 도대불과 마찬가지로 중앙 부분이 약간 볼록하게 나와 있어 매우 안정적인 느낌을 준다. 또 보통 도대불이 낮은 기단과 긴 몸체, 불을 놓아두는 상부 구조로 되어 있는 데 반해 김녕리 도대불은 기단 없이 계단과 몸체 그리고 상부 구조로만 되어 있는 것이 특징이다. 계단이 갖는 역할이 그만큼 중요하다는 뜻이다. 김녕리 도대불에는 돌출형 계단이 설치되어 있는데 이는 위로 갈수록 좁아지는 몸체와 그 위에 놓인 높이 100~130센티미터의 별도 구조물이 주는 불안정하고 단조로운 느낌을 보완하기 위해서인 듯하다. 전문 교육을 받지 않았음에도 김녕리 어촌 사람들은 경험과 감각만으로 균형 잡힌 도대불

» 김녕리 도대불 상부(위)와 전경
(아래). 상부에는 등불을 놓아두
었던 구조물의 설치 흔적이 남아
있다.

» 바다를 향해 희망의 불빛을 보냈던 도대불.

을 축조해낸 것이다.

　1972년 마을에 전기가 들어오고 해안도로가 개설되는 등 주변에 여러 건축물이 세워지면서 김녕리 도대불은 등대로서 기능을 상실했다. 그러나 에메랄드빛 바다가 보이는 이름 모를 풀숲에 자리 잡은 도대불은 언제 봐도 정겨운 아름다움을 발산한다.

소박함과 기능성을 갖춘
보목리 도대불

보목리 도대불은 사다리형 도대불이라 할 수 있다. 어느 쪽이 정면인지 구분하기가 쉽지 않지만 고산리 도대불처럼 몸통 중앙에 표식이 설치된 점을 고려하면 그 부분을 정면으로 봐도 무리가 없을 것이다.

보목리 도대불은 전형적인 마름모형으로 기단과 본체, 등불을 놓아두었던 구조물로 구성되어 있다. 본체는 아래에서 위로 올라갈수록 좁아지는 사각뿔대 모양의 곡선미를 보이는데, 이는 보목리 도대불만의 매력이다. 몸체는 가로세로가 대략 133~140센티미터이고 상부는 80~87센티미터이며, 높이는 154센티미터다. 기단부는 가로세로가 177~186센티미터이고 높이가 45센티미터다. 불을 놓아두었던 상부 구조물의 크기는 정확하게 알 수 없지만 고산리 도대불을 사례로 봤을 때 가로세로가 약 30~40센티미터 길이의 정방형 구조물이지 않았을까 싶다. 상부 구조물까지 감안하면 보목리 도대불의 전체 높이는 대략 240센티미터였을 것이다. 흥미로운 점은 좌측면에 설치된 계단 끝에 서면 불을 놓는 높이까지 약 160센티미터가 되어 자세를 구부리지 않고도 불을 지필 수 있었다는 점이다. 몸체 상부와 하부가 꼭 맞아 떨어지는 구조는 아니지만 손맛이 나는 기하학적 형태의 아름다움을 지니면서도 무척 실용적으로 만들어졌다.

불을 놓아두었던 상부는 고산리 도대불보다는 크다. 전반적

으로 보목리 도대불은 듬직한 느낌을 주고, 고산리 도대불은 갸름
하고 세련된 느낌을 풍긴다.

현재 보목리 도대불은 포구 한 구석에 초라하게 놓여 있지만,
그 옛날 보목리포구의 규모를 생각해보면 한때는 중요한 역할을
했을 것이다. 다행스러운 것은 오랜 세월이 지났음에도 그 위치나
외형이 바뀌지 않고 원형을 유지하고 있다는 점이다. 보목리 도대
불은 보목리포구의 역사를 증언하는 상징물인 동시에 도대불 연
구에서도 중요한 자료가 되고 있다.

안정적이고 날렵한 곡선미를 지닌
대포동 도대불

대포동 도대불은 지형이 낮은 장소에 위치한 대포동포구 입
구 한쪽에 비교적 잘 보전되어 있다. 지금은 작은 소나무 숲과 주
변 건축물에 가려 보이지 않지만 옛날 이곳은 넓은 바다를 향해
불빛을 보낼 수 있는 개방된 장소였다. 작긴 하지만 등대로서 기능

» 보목리포구 내에 있는 도대불. 번성했던 보목리포구를 기억하는 공간이다.

을 수행하기에는 충분했다. 주변에 아무런 구조물이 없었을 당시에는 아마도 더 크게 느껴지지 않았을까. 출항하는 어선에게는 안전과 만선의 꿈을 안겨주는 상징이었을 것이다.

기단과 몸체 그리고 상부에 불을 지피는 공간으로 구성된 대포동 도대불의 가장 큰 특징은 몸체다. 다른 도대불과 달리 하부와 상부가 각각 다른 형식으로 되어 있다. 하부는 사각뿔형과 닮았고, 상부는 가늘고 긴 직육면체 형상이다. 전체적으로 몸체가 넓이에 비해 상대적으로 길어 날렵해 보인다는 점이 대포동 도대불의 독특한 형태미다.

형태적 특징을 좀더 살펴보면, 기단부는 가로와 세로의 길이가 각각 147센티미터이고 높이는 12센티미터다. 그 위에 놓인 몸체 하부는 가로와 세로가 약 123~129센티미터인데, 가로와 세로가 56~59센티미터인 상부 구조에 완만한 곡선으로 이어진다. 전

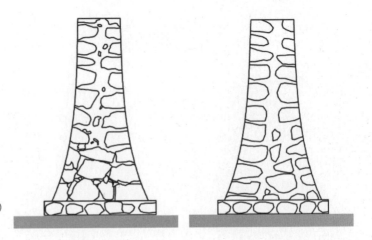

» 대포동 도대불의 정면도(왼쪽)
와 우측면도(오른쪽).

》 대포동포구 소나무 숲 옆에 수
줍은 듯 자리 잡은 도대불. 하부
에서 상부로 이어지는 곡선이 자
연스럽다.

» 등불을 놓아두었던 상부 흔적.

체 높이는 247센티미터 정도다.

　　흥미로운 부분은 등불을 놓아두었던 상부에 구멍 네 개가 있다는 점인데 최근까지 불을 밝혔던 것처럼 상당히 깨끗하고 선명하게 보존되어 있다. 보통 등불을 놓아두기 위해 상부에 설치한 구조물은 초기에는 나무였다가 나중에는 금속으로 바뀐 경우가 많다. 대포동 도대불은 상부가 비교적 선명하고 깨끗하게 남아 있는 것으로 볼 때 목재 구조물을 설치했던 것 같다.

화려해 보이면서도 한편으로는 소박한 아름다움을 간직한 대포동 도대불의 불빛이 시대 변화와 함께 사그라들었듯 우리 기억에서도 사라져가고 있다. 다른 도대불 역시 같은 처지에 놓여 있다. 언젠가 완전히 사라지는 것은 아닌지 모르겠다.

연대를 닮은 북촌리 도대불의 미학과 수수께끼

도대불은 출항한 어선들이 먼 곳에서도 그 불빛을 볼 수 있도록 대부분 포구 가장자리에 세워지곤 했지만, 북촌리 도대불은 포구 서쪽 '구짓ᄆᆞ루'라 불리는 동산에 축조되었다. 이 때문인지 오랜 세월이 흘렀는데도 포구를 확장하는 과정에서 철거되거나 원형이 훼손되지 않았다. 원형을 유지하고 있는 몇 안 되는 도대불이라는 점에서 가치가 무척 높다.

북촌리 도대불은 연대의 형태와 매우 유사하다. 규모는 정면을 기준으로 하부는 가로 215~221센티미터, 세로 238~246센티미터이고, 상부는 가로 190센티미터, 세로 190~210센티미터다. 높이는 260센티미터 정도다. 하부와 상부의 가로와 세로 크기가 각각 다른 점이 그 나름의 매력을 발산한다. 거의 정방형이지만 상부로 갈수록 약간 좁아지는 형태인데, 마치 축조한 사람들의 손맛이 그대로 전해지는 듯하다.

중앙에는 상부로 올라갈 수 있는 계단이 놓여 있고, 꼭대기에는 원래 목대木臺가 설치되어 사용되었지만 1949년 4·3사건 이후

》 북촌리포구 서쪽 동산 위에 자리 잡은 도대불.

》 북촌리 도대불의 정면도(왼쪽)
와 우측면도(오른쪽).

소실되었다고 한다. 그 뒤에는 유리 상자에 카바이드를 넣어 불을
밝혔다. 시대 변화에 따라 불을 밝혔던 상부의 형태와 연료가 바
뀐 것이다. 아직도 꼭대기에는 목대와 유리 상자를 설치했던 흔적
이 남아 있다. 북촌리 도대불은 마을에 전기가 들어온 1973년까
지 그 역할을 충실히 수행했다.

　　북촌리 도대불은 축조 시기나 명칭을 파악할 수 있다는 점에
서도 귀중한 의미를 갖고 있다. 도대불 상부에 작은 건립비가 세워
져 있는데 거기에는 "御卽□記□燈明臺 大正四年十貳月建"(어즉□기
□등명대 대정사년십이월건)이라고 쓰여 있다. 곧 축조 시기가 일제강
점기 초기인 1915년 12월이라는 걸 알 수 있다. 제주문화원이 발
간한 《제주문화》 18호에 게재된 "도대불, 그 첫 불씨를 찾아"라
는 글에 따르면, 도두동과 삼양동에서도 도대불 건립비가 발견되
었다고 한다. 이는 도두동과 삼양동만이 아니라 다른 여러 포구에
도 도대불이 세워졌다는 이야기다. 주목할 점은 도두동 도대불 건
립비에 쓰인 내용이다. 상부가 훼손되어 전체를 읽을 수는 없지만

《 북촌리 도대불 건립비(왼쪽)와
도두동 도대불 건립비(오른쪽).

"□念燈明臺 □貳月建設"(□념등명대 □이월건설)이라고 적혀 있다. 여기서 "□念"은 전후문맥을 고려할 때 "記念(기념)"이라는 글자로 보인다. 아마도 무엇을 기념하기 위해 2월 혹은 12월에 건설했다는 의미인 듯한데, 전후문맥을 고려할 때 12월이 유력하다. 이 두 건립비 내용에는 공통점이 있다. 모두 '등명대燈明臺'라는 명칭을 사용하고 있다는 것과 12월에 축조되었다는 점이다. 정리해보면 북촌리, 도두동, 삼양동의 도대불은 거의 같은 시기에 유사한 형태로 만들어진 것으로 가늠해볼 수 있다. 누가 이 지역의 도대불들을 만들었는지, 도두동과 삼양동 도대불은 언제, 왜 사라졌는지는 현재로서 알 수 없다. 보다 깊이 있는 연구를 통해 밝혀져야 할 부분이다.

문화재로서 도대불 보존에 대하여

근대에서 현대로 전환되는 시기에 남겨진 도대불은 제주 역사의 한 단면을 보여주는 소중한 자산임에 틀림없다. 도대불은 일제강점기라는 정치·사회적 어려움 속에서도 삶을 억척스럽게 이어갔던 제주도민의 혼魂이 담긴 흔적이다. 1970년대 들어 마을에 전기가 들어오면서 육지와 바다, 어부와 어촌을 연결해주던 소통의 빛은 차츰 희미해졌지만 그 안에 담긴 애달픈 삶의 이야기는 희미해지지 않았다.

그러나 1990년대에 18기였던 도대불은 현재 12기밖에 남아있지 않다(원형을 유지한 6기, 복원된 6기). 포구를 현대화한다거나 해안도로를 개설한다는 이유로 또는 문화재적 가치가 없다는 이유로 철거되어서다. 문화재적 가치는 그 안에 역사가 담겨 있을 때 더욱 빛나는 법이다. 어촌 사람들이 정성스럽게 쌓아올린 돌 하나하나에는 분명 그들만의 애환의 역사가 담겨 있다. '빛을 통한 소통의 유적'으로서 도대불이 보존되어야 할 이유다.

2장

제주 속 일식주택

일제강점기 주택정책과 주거 형태

일제강점기에는 행정 관료만이 아니라 일본인이 세운 회사에 근무하는 이들과 그 가족까지 포함해 적지 않은 일본인들이 한국에 거주했다. 이들은 한국으로 거처를 옮기면서 그들이 머물 주택도 함께 지었는데, 일제강점기에 지어진 이런 주택을 일식주택日式住宅이라 부른다.

일식주택을 살펴보기에 앞서 당시 주택정책을 간략하게 알아볼 필요가 있다. 왜냐하면 일제가 조직적이고 체계적으로 시행한 주택정책들이 일반주택에 적지 않은 영향을 주었기 때문이다. 조선총독부는 한국 내 심각한 주택문제를 해결하고 국민 생활을 향상시킨다는 이유로 1941년 7월, 일본주택영단日本住宅營團보다 조금 늦게 조선주택영단朝鮮住宅營團을 설립했다. 조선주택영단은 1941년부터 1944년까지 매년 주요 도시에 노동자와 서민을 위해 주택 5000호를 건설한다는 목표를 세웠다. 그러나 실질적으로는 식민 통치와 전쟁 수행을 뒷받침하는 일본인을 위한 주거 공간 마련이 주된 목적이었다고 할 수 있다. 주목할 부분은 가격이 저렴하고 질 좋은 주택을 단기간에 대량으로 공급할 수 있도록 '주택 표준화'를 시도했다는 점이다. 거주자의 계층에 따라 다섯 가지 유형(갑, 을, 병, 정, 무)을 제시한 것이 특징이다.

갑형: 중류 상층을 위한 분양주택
을형: 중류 중층을 위한 분양주택
병형: 중류 하층을 위한 임대주택
정형: 노동자를 위한 임대주택(8평)
무형: 노동자를 위한 임대주택(6평)

도시 주택난을 해결한다는 명목으로 대량으로 공급되었던 주택의 내부를 보면 한국과 마찬가지로 좌식 생활에 근간을 둔 일본 문화가 고스란히 담겨 있다는 걸 알 수 있다. 대표적인 게 다다미たたみ, 쓰즈키마続き間, 도코노마とこのま, 床の間 들이다. 다다미는 '접는다'는 의미를 가진 말로 다다미 한 장 크기는 보통 90×180센티미터다(다다미 두 장이 약 1평 정도다). 다다미는 일본 전통주택에서 공간 규모를 결정하는 모듈이라고 볼 수 있다. 다다미방은 보통 낮에는 거실로, 밤에는 침실로 사용했다. 쓰즈키마는 칸막이를 열어젖히면 옆방과 연결되는 구조를 말한다.

갑형과 을형 주택은 연통이 있었다는 점이 무척 특이하다. 또 욕실을 내부에 놓고 유리 창문을 설치한 것, 콘크리트기초의 조적

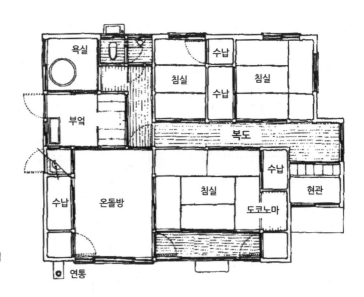

욕실

수납

침실 침실

수납

부엌

복도

수납

현관

수납 온돌방 침실

도코노마

» 조선주택영단이 공급한 일식
주택 평면도(갑형).

연통

벽(돌, 벽돌, 콘크리트 블록 등을 쌓아 올린 벽) 구조에 시멘트 기와를 올
렸다는 점 등이 공통적인 부분이다. 당시로서는 상당히 근대화된
형태였으며 일본식과 서양식이 절충된 양식이었다.

조선주택영단이 주택을 공급하기 전에도 일식주택은 존재했
지만 식민지정책의 일환으로 계획적으로 공급되면서부터는 주거
인식에 많은 변화를 가져왔다. 제주도에서 조선주택영단이 공급
한 일식주택의 규모가 어느 정도였는지는 알 수 없지만 어떤 형태
로든 제주도 내에 거주했던 일본인들의 주택에 영향을 주었던 듯
하다. 여러 정황으로 봤을 때 내부나 외부 양식에서 일본적 요소
를 포함하면서도 제주 기후나 풍토에 맞게 변용하지 않았나 싶다.

제주의 일식주택

일제강점기 당시 제주 내에는 주둔 중인 부대의 군인과 군속, 행정 관리, 상인들 그리고 식민지 조선을 무대로 새로운 사업을 꿈꾸며 정착한 일본인들이 거주했다. 사업 목적으로 제주에 온 일본인들은 주정공장이나 통조림공장 같은 회사를 세웠다. 당시 촬영된 제주성 모습을 보면 일장기가 걸린 초가와 근대식 건축물 그리고 유리창을 단 와가들이 보이는데, 시간이 지나면서 초가나 와가 같은 전통 경관은 사라지고 권위적인 관공서를 비롯한 일식주택이 그 공간을 채워나갔다.

당시 제주에 얼마나 많은 일본인이 거주했는지 살펴보자. 거주자 수와 거주 지역 그리고 당시 사진이나 글 같은 문헌자료를 종합해보면 전반적인 건축 양식과 생활 모습을 대략적으로나마 짐

» 일제강점기의 제주성 모습. 멀리 현대식 건축물들이 보이며 초가집에는 일장기가 걸려 있다.

작할 수 있다.

《조선총독부 통계연보》를 보면 제주도에 거주했던 일본인은 1941년 기준으로 1354명이었고 주택 수는 403호다. 일제강점기 후반부에는 제주시와 서귀포시에 각각 얼마나 많은 일본인이 거주했는지 통계상으로 파악하기는 어렵다. 그러나 1917년 자료에 제주시에는 454명 거주에 140채의 주택이 있었고, 서귀포시에는 100명 거주에 31채의 주택이 있었던 것으로 보아 제주시를 중심으로 일본인들이 모여 살았던 것으로 추정된다. 이들은 대부분 신분적 우월성을 가지고 번화가 중심에 자리를 잡아 사업을 영위했을 것이다. 이를 뒷받침하는 귀중한 자료가 〈제주성내각주거도濟州城內各住居圖〉다. 해방 뒤 본국으로 돌아간 일본인들이 1977년 '제주도회'를 결성했는데, 그 모임 회원인 다케노 신이치竹野新一와 야마베 신고山辺真吾가 작성해두었던 지도다. 지도를 살펴보면 칠성골

《조선총독부 통계연보》에 실린 조선인과 일본인의 인구수.

		일본인			조선인		
		주택수	세대수	인구수	주택수	세대수	인구수
1917년	제주	140	148	454	1231	1261	5966
	서귀포	31	33	100	272	281	1211
1934년		309	372	1183	4만 4060	4만 6930	19만 8304
1937년		401	–	1423	4만 8124	–	19만 7543
1941년		403	–	1354	4만 9968	–	20만 4650

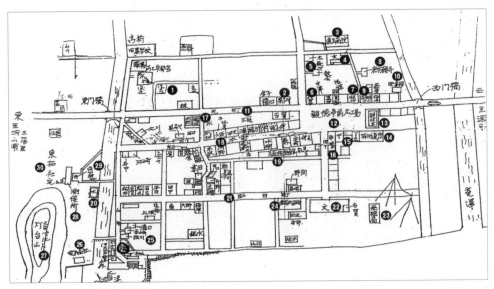

» 1941년 〈제주성내각주거도〉는 일본인이 작성한 주거지도로 2003년 8월 14일 〈한라일보〉를 통해 처음 소개되었다. 당시 생활공간을 파악하는 데 중요한 자료다.

1 서원, 2 과자가게, 3 도립병원, 4 제주남교, 5 나막신점포, 6 대서소, 7 식산은행, 8 동본원사, 9 자동차회사(서부차부), 10 제주극장, 11 관덕로, 12 관덕정 앞 광장, 13 관덕정, 14 제주도청, 15 우체국, 16 상설시장, 17 얼음가게, 18 칠성로, 19 석송여관, 20 산짓물, 21 북신작로, 22 제주북교, 23 무선국, 24 금융조합, 25 제주흑산호가게, 26 전기회사, 27 산지등대, 28 측후소, 29 제주신사, 30 동척사택.

은 신작로 개설과 함께 모토마치元町, 혼마치本町, 아사히마치朝日町라는 길 이름이 생겨날 정도로 번화했다는 것을 알 수 있다. 또한 산지항까지 생활 영역이 폭넓게 형성되어 있는데, 그때부터 이 지역의 도시화가 시작되었던 듯하다.

특히 제주목은 관아들이 위치했던 행정 중심지였는데, 상업 중심지였던 칠성골과 가까웠기에 관덕정 주변을 따라 도청과 경찰서, 우체국 같은 주요 공공건축물과 제주자동차주식회사 같은

» 용담동에서 바라본 제주 시가지. 일식주택과 근대건축물이 늘어나면서 도시 풍경도 바뀌었다.

상업건축물들이 배치되어 있다. 따라서 이 지역에 일본인들의 핵심 건축물이 자리 잡은 것은 당연해 보인다. 대표 건축물은 도청사와 경찰서, 측후소, 무선국 등인데 특히 관공서는 권위를 보여주기 위해 서양절충식으로 지어졌다. 초기에는 일본인들의 주택과 제주 고유의 초가와 와가가 어우러진 풍경이었지만 시간이 지나면서 침탈이 만들어낸 근대 도시의 모습으로 바뀌었다.

산지포구 근처에도 일본인들이 거주했는데 당시 사진을 보면 관덕정 지역과 왕래가 활발했던 듯하다. 특히 일본인들은 칠성골 주변에 많이 살았다. 이는 식민지 시대의 지배 관계를 무척 잘 보여

» 산지항 부근의 주택과 공장. 초가만이 아니라 일식주택과 비교적 규모가 큰 공장도 보인다.

준다. 칠성골 중심지에는 점포와 주거를 겸할 필요성이 있어서 2층 짜리 주택 겸 상가가 많이 들어섰다. 그런데 제주자동차주식회사를 비롯해 일본인을 상대로 영업했던 여관 등의 외관을 보면 일본 목조주택의 전통양식을 그대로 따르지는 않았던 것 같다.

　　예를 들어 서귀포의 옛 정방여관을 살펴보자. 벽면은 나무널 판으로 마감했고 일식 기와를 사용한 박공지붕(지붕면이 양쪽 방향으로 경사진 형태)이 특징이다. 내부 공간은 기본적으로 편복도를 중심으로 3평 규모의 방과 2~3평 규모의 방이 연결되어 있다. 목조

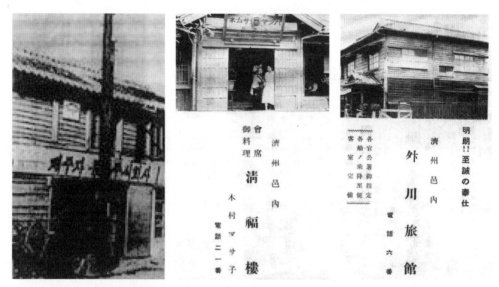

» 1943년의 제주자동차주식회사(왼쪽)와 〈제주성내각주거도〉의 19번 바로 위쪽 지역의 여관(가운데) 그리고 25번 왼쪽 아래 지역의 여관(오른쪽).

기둥을 세우고 사이에 샛기둥을 설치한 다음 졸대를 대고 시멘트 몰탈 또는 회반죽을 바른 뒤 널판목재로 마감하는 이른바 간이 목조주택이다. 당시 건축 재료는 대부분 목재였는데, 전시 상황이어서 콘크리트나 붉은 벽돌 같은 물자는 아마 구하기 어려웠을 것이다. 또한 상대적으로 목재 구하는 건 쉬웠지만 콘크리트를 다룰 기술자 구하는 게 어려웠던 점도 반영되지 않았을까 한다.

대표적인 일식주택은 권력기관이었던 법원 관사, 세무서 관사 그리고 수탈의 상징이었던 동양척식주식회사의 제주주정공장 사택이었다. 주정공장은 지금의 건입동 현대아파트 옆에 들어섰는데, 원자재 반입이나 생산품 반출을 고려해 제주항 인근에 건축한

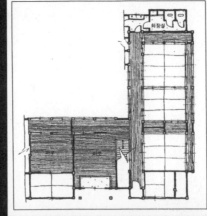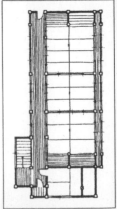

» 옛 정방여관 전경(위)과 1층
(아래 왼쪽), 2층(아래 오른쪽) 평
면도.

» 1967년 항공사진으로 본 제주
주정공장(위 사각표시)과 사택지
(아래 다각형 표시).

» 동양척식주식회사 제주주정공
장(위), 아래 항공사진에서 사각
표시 부분이 66쪽의 주정공장사
택이다.

것으로 보인다. 조적조로 지어진 주정공장은 규모나 형태 면에서 지역의 랜드마크이기도 했다.

동양척식주식회사의 주정공장 사택은 1936년 2월 건축되었다. 제주시 건입동 1106-5번지 일대로 지금의 제주기상청 근처다. 이 일대는 제주읍성 내에서 최고의 경관지로 평가받는 장소인데, 일제강점기에는 신사와 주정공장 사택이 조성되었을 정도로 식민 지배를 위해 치밀하게 계획된 생활공간이었다. 특히 주정공장 사택지는 근대적인 토지구획 정리를 통해 조성된 주거지역이다. 1967년 항공사진을 살펴보면 직원을 위한 부대시설을 비롯해 대략 30여 채의 주택이 자리 잡은 것을 확인할 수 있다. 이 사택들은 전형적인 일식주택의 모습을 갖추었다. 내부 공간은 앞서 언급한 조선주택영단의 갑형 주택과 유사점이 많다. 토지구획에 따라 주택이 배치되고 부대시설이 들어섰기 때문에 당시로서는 현대식으로 조성된 주거단지였을 것이다.

일식주택은 1990년대 초까지만 해도 허름한 형태로나마 존재했지만 아쉽게도 지역 개발로 대부분 철거되면서 지금은 무근성, 서귀포, 한림, 대정 일대에 몇 채 정도만 남아 있는 실정이다.

한편, 일제강점기 당시 사회적·건축적 변화를 겪으면서 콘크리트나 유리 같은 근대 건축 재료가 도입되었는데 이는 제주 전통 건축의 외형에도 영향을 주었다. 상방(마루)에 유리문을 설치하거나, 기와를 일식으로 교체하거나, 제주석과 흙으로 마감했던 벽체를 시멘트몰탈로 마감하는 식으로 나타난 것이다. 당시 일식주택

» 주정공장 사택지 전경. 오랜 시간이 지났음에도 그 자리를 지키고 있다.

은 제주의 기후 특성에 적합한 주택이 아니었다. 따라서 제주 전통 건축에 기반을 두면서 일식 문화를 접목시킨 이른바 절충식 주택이 등장하게 되었다. 무근성 일대와 목관아 일대의 옛 골목길에는 이런 일식주택과 절충식주택이 아직 남아 있어 원도심의 역사적 깊이를 더해준다.

주거 양식은 사회 변화에 따라 수반되는 생활 형태의 변화에 영향을 받을 수밖에 없다.《주거형태와 문화》의 저자 아모스 라포포트Amos Rapoport는 주거 형태에 대한 사회문화적 요소에 대해 "주택은 단지 구조물만이 아니고 복합적인 일련의 목적을 위해 창조된 하나의 제도다. 왜냐하면 집을 짓는다는 것은 문화적 현상이

》 제주시 무근성 일대에 남아 있는 일식주택.

》대정읍 하모리에 남아 있었던 2층 일식 상가. 한국전쟁 당시에는 육군 제1훈련소 군예대軍藝隊로 사용되었다고도 한다. 지금은 철거되어 흔적을 찾을 수 없다.

며 그 형태의 조직은 그것이 속한 문화 환경에 크게 영향을 받기 때문이다"라고 정의했다.[1] 이런 관점에서 본다면 일제강점기의 일식주택은 군사전적지와는 다른 의미를 갖는 건축물이라 할 수 있다.

슬픔의 역사든 기쁨의 역사든 있는 그대로 받아들이고 보존해나가는 것이 중요하다. 일식주택을 둘러싼 역사가 부정적이든 긍정적이든 그 가치를 존중해야 한다는 뜻이다. 일식주택이 제주 주거사에 일정 부분 영향을 주었을 뿐 아니라 제주 사람들의 생활과 주거가 어떻게 변해왔는지 그 단면을 보여주는 귀중한 자료로서 기능하는 탓이다.

《 제주석과 시멘트몰탈로 외벽을 마감하고 일식 기와를 얹은 주택(위)과 제주의 비바람을 막기 위해 상방(마루) 부분에 유리문을 설치한 주택(아래). 제주시 원도심 인근 무근성에 아직도 많이 남아 있다.

3장

제주의 전략적 중요성과
군사기지화

아름다운 땅에 새겨진 또다른 상처, 일본군 전적지

태평양전쟁과 '결7호 작전'

2차 세계대전이 발발하자 일본은 아시아를 중심으로 제국주의 야욕을 본격적으로 드러냈다. 일본은 1910년 한반도를 식민지화해 중국 진출을 위한 전초기지로 삼았고, 1931년 만주사변과 1937년 중일전쟁을 거치면서 중국 대륙까지 식민지화를 추진했다. 서구 패권주의에 맞서려면 하나 된 아시아로서 대응해야 한다는 이른바 '대동아공영' 논리를 앞세운 일본은 마침내 1941년 12월 하와이 진주만을 기습했고, 이로써 태평양전쟁이 시작되었다.

그러나 1942년 미드웨이해전을 기점으로 전세가 미국으로 기울면서 일본은 1945년 8월 항복하기까지 필사적으로 미국에 맞서는 전략을 고수한다. 아울러 미국의 진격로로 예상되는 7곳을 선정해 1945년 2월 방어계획을 수립한다. 1945년 2월 9일 일본군 방위총사령부 사령관은 각각의 군 사령관에게 1945년 6월로 예상되는 본토 결전을 위해 작전을 완성하라고 명령한다. 일본 본토에서 미군의 상륙에 맞서려는 육해군 작전의 암호명을 '결호決號 작전'이라 이름 붙였는데, 작전 지역은 다음과 같다.[2]

결1호작전: 홋카이도, 지시마 방면

결2호작전: 토호쿠 방면

결3호작전: 간토 방면

결4호작전: 토카이 방면

결5호작전: 추부 방면

결6호작전: 규슈 방면

결7호작전: 조선 방면(제주도)

일본열도를 중심으로 북쪽에서부터 7개의 진격 예상로를 상정해 방어계획을 수립한 것이다. 제주도는 미국이 일본 규슈에 상륙하기 위한 전초기지로 이용할 가능성이 있었기에 결호작전 대상에 올랐다. 미군은 1945년 4월 오키나와 상륙작전을 펼쳤는데, 이 작전으로 같은 해 6월까지 미군 1만 5000명, 일본군 6만 5000명, 주민 12만 명이 희생되었다. 오키나와 격전에서 일본군이 수적·물적 측면에서 압도적으로 열세였는데도 격렬하게 저항할 수 있었던 것은 오키나와 전역을 요새화했기 때문이다. 만약 오키나와와 같은 격전이 제주에서 벌어졌다면 끔찍한 일이었을 것이다.

제주도는 지정학적으로 동북아 중심지에 위치했기에 군사 요

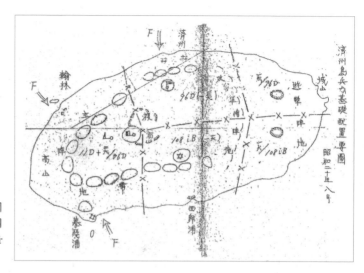

» 1945년 작성된 〈제주도병력기
초배치요도〉. 미군 진격이 예상되
었던 지역(제주, 한림, 모슬포)을
화살표로 표시해놓았다.

충지로서 매우 중요한 의미를 지니고 있다. 따라서 결7호작전이 수
립된 제주도 역시 오키나와처럼 요새화를 위한 방어진지 구축이
진행되었다. 이때 수많은 시설이 들어섰는데 그중 알뜨르비행장,
동굴진지는 일본군이 구축한 군사 시설물 가운데 가장 잘 알려진
것이다.

　결7호작전에 나온 미군의 진입 예상로는 크게 세 곳이었다.
1945년 작성된 〈제주도병력기초배치요도濟州道兵力基礎配置要圖〉에 따
르면, 제주도를 세 지역으로 구분해 병력을 배치하고 방어한다는
내용이 나온다. 지도에는 미군의 예상 진격로로 제주, 한림, 모슬
포를 표기해놓았다. 아마도 이들 세 곳이 모두 군수물자 수송이
많았던 주요 항구인 탓이었을 것이다. 제주항은 인적·물적 자원
의 수송이 상당히 많은데다 근처에 정뜨르비행장(지금의 제주국제공

항)이 위치했고, 모슬포는 알뜨르비행장을 비롯해 각종 군사기지가 밀집되어 있어 대단히 주요한 방어지였다.

알뜨르비행장의
장대한 풍경에 담긴 아픔

중일전쟁을 앞둔 일본에게 중국과 일본 사이에 자리 잡은 제주도는 전략적으로 매우 중요한 땅이었다. 이에 일본은 1926년 남제주군 대정읍 상모리 알뜨르 지역에 비행장 건설을 추진한다. '아랫마을'이라는 의미를 가진 그곳은 송악산과 모슬포 사이 지역이다. 북쪽으로는 산방산, 단산, 모슬포 그리고 작은 오름 여럿이 어우러져 있고, 남쪽으로는 드넓은 바다가 보이는 멋진 풍광을 자랑

» 알뜨르비행장 전경. 멀리 한라
산, 산방산, 단산이 보인다. 한라
산, 산방산, 단산에도 방어나 공격
을 위한 동굴진지가 구축되었다.

하는 장소지만, 지형 면에서 비행장으로도 최적의 장소였다. 제주
도에 구축된 일본군 전적지戰迹地는 시대에 따라 두 가지 성격을 보
였다. 1944년 이전까지는 중국 대륙 진출을 위한 전초기지 성격이
었다면 1944년 이후, 곧 결7호작전이 수립된 뒤에는 방어진지 성
격을 띠었다. 그런데 알뜨르비행장은 이 두 성격을 모두 가진 곳이
었다.

당시 일본은 함대 후방을 총괄하는 4대 해군기지(진수부鎮守
府)를 가지고 있었다. 제주도는 그중 하나인 규슈지방 나가사키현
사세보 진수부가 관할했다. 사세보 진수부는 그 아래에 진해요항
부를 두었는데 알뜨르비행장 건설은 진해요항부의 시설부인 진해
경비부가 관여했던 것으로 알려졌다.

군사요충지였던 알뜨르 지역에 1926년부터 약 20만 평 규모의 비행장이 들어섰다. 중일전쟁이 끝난 뒤에는 오무라大村 해군항공기지가 이곳으로 이동했는데, 군인 2500명이 주둔했고 25기의 전투기가 배치되었다. 이후 1937년까지 알뜨르비행장은 약 40만 평으로 확대되었다. 1937년 8월 이후에는 중국 남경을 본격적으로 폭격하기 위해 중간 기착지로 사용되기도 했는데, 그 역할이 1937년 11월 상해 인근으로 옮겨가면서 알뜨르비행장은 훈련용 비행장으로 역할이 바뀌었다. 그러다 패색이 짙어가던 1944년에 접어들면서는 이른바 결7호작전에 따라 비행장과 그 주변이 대대적인 방어를 위한 요새화 작업에 들어간 것이다. 1944년에는 약 66만 평까지 부지가 확장되었고 격납고도 38기로 늘리는 작업이 진행되었다. 그와 동시에 송악산 해안가에 특공기지가 건설되었고, 송악산 능선과 산방산, 단산, 수월봉으로 이어지는 동굴진지도 구축되었다. 본토 방어를 위해 확장된 알뜨르비행장의 규모는 일본 해군항공본부가 작성한 '항공기지일람 별지자료'에 잘 나와 있다. 이 자료에는 격납고 위치와 수, 유도로, 지하벙커 지휘소, 관제소, 연료 저장고만이 아니라 섯알오름과 셋알오름의 고사포진지 그리고 항공 관련 각종 지원시설의 위치까지 정확히 표시되어 있다.

자료를 보면 격납고가 늘어나면서 지형 여건상 활주로를 중간에 두고 그 주위에 추가로 격납고를 설치한 모습을 볼 수 있다. 또 오름 능선을 절개해 연료 저장고를 만드는 등 알뜨르비행장의

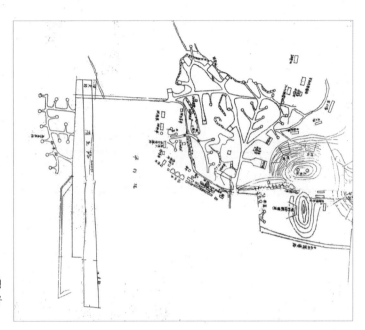

확장 형태가 고스란히 담겨 있다. 일제강점기 말인 1944년에는 본
토 방어를 위해 병력 7만 명을 제주에 상주시켰던 것으로 전해지
는데, 이와 함께 1944년 10월 알뜨르비행장을 66만 평 규모로 확
장하기 위한 계획도 수립되었다. 이 계획에 따라 지휘소, 탄약고,
연료고, 지하벙커 같은 주요 군사시설을 설치했을 뿐 아니라 격납
고 은폐 작업도 추진되었다. 시설관리에 관여했던 진해경비부가
병력을 파견하기도 했지만 부족한 노동력은 제주도민을 강제로
징집해 해결했다. 알뜨르비행장 근처 대정읍 주민들은 비행장 건
설에 동원되어 온갖 고초를 겪어야 했다. 아울러 일본은 비행장
건설과 동시에 섯알오름과 셋알오름 정상에 각각 고사포진지를

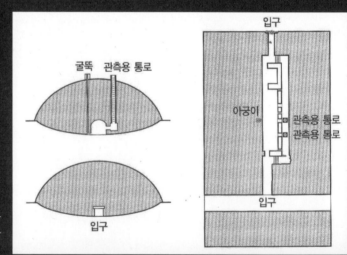

» 지하벙커 지휘소로 추정되는
시설 내부 모습(위)과 단면도(아
래 왼쪽), 평면도(아래 오른쪽).

굴뚝 관측용 통로

입구

입구

아궁이 관측용 통로
관측용 통로

입구

» 셋알오름의 고사포진지. 뒤쪽으로 모슬봉과 격납고들이 보인다(1945년 9월, 미군 무장해제팀에 의해 폭파되기 직전 모습).

설치했고, 오름 주변과 해안에 수많은 굴을 파서 요새화했다.

해군항공본부가 작성한 항공기지일람 별지자료에 따르면 알뜨르비행장 활주로는 대략 폭 70미터, 길이 1400미터인 것으로 파악된다. 활주로는 남북으로 조성되었는데 이는 바람의 영향과 해안 구조를 고려해 비행기가 안전하게 이착륙할 수 있도록 한 것이다. 아울러 섯알오름과 셋알오름을 활용해 방공진지를 구축했는데, 곧 지형지물을 이용해 최적의 군사기지를 설계했다고 볼 수 있다.

1948년 촬영된 항공사진을 보면 항공기지일람 별지자료 배치도에 나온 것처럼 지하벙커 지휘소, 관제소, 탄약고 진입로, 비

» 알뜨르비행장의 외곽 규모를 알 수 있는 비행장 기초도면.

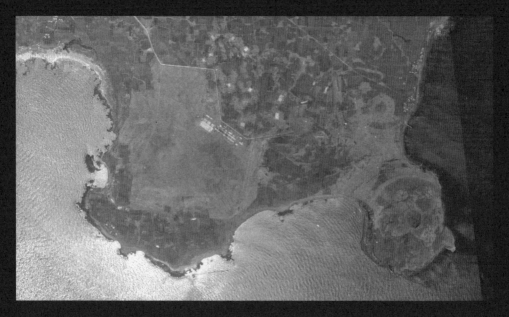

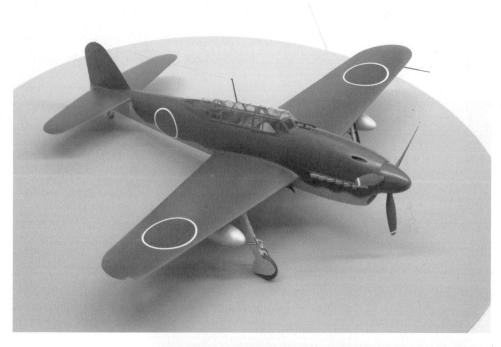

« 1948년 항공사진으로 본 알뜨르비행장 모습. 격납고를 비롯해 관제소 등 주요 시설들의 흔적이 남아 있다(위). 20여 기의 격납고 중 10기의 격납고가 등록문화재로 지정되어 있다(아래).

» 일본 야마토뮤지엄에 전시된 제로전투기 모형(위)과 알뜨르비행장 격납고에 격납된 실물 크기의 모형(아래).

행장 주요 진입로, 비행 지원 시설, 관제 시설의 흔적을 뚜렷이 확인할 수 있다. 알뜨르비행장 조성은 거의 마무리 단계였던 것으로 보인다. 격납고 주변으로는 비행기가 이동하는 길이 희미하게 보이는데, 그 주변으로 정비나 지원 시설도 눈에 띈다. 알뜨르비행장의 규모를 대략 짐작해볼 수 있는 부분이다.

일제가 패전한 지 70여 년이 지났음에도 알뜨르비행장의 흔적은 지워지지 않았다. 활주로와 격납고, 지하벙커 지휘소, 관제소, 비행장을 방어하기 위한 섯알오름과 셋알오름 정상에 설치된 고사포진지는 지금도 그 자리에 보존되어 있다.

특히 20여 기의 격납고는 거의 원형 그대로 남아 있는데, 격납고 규모는 폭 18.7미터, 높이 3.6미터, 길이 11미터 정도다. 비행기 한 대가 딱 들어갈 수 있는 규모인 것이다. 당시 비행기는 일본의 대표 전투기인 제로전투기였다. 지금은 실물 크기의 모형만 전시해놓고 있다. 셋알오름 고사포진지와 격납고 10기, 지하벙커 지휘소는 등록문화재로 지정되어 있다.

알뜨르비행장이 위치한 대정 지역은 태평양전쟁에서 일본이 결사항전을 위해 구축한 대규모 침탈 장소라는 점 말고도 제주 4·3사건 유적과 한국전쟁 당시 주둔했던 육군 제1훈련소의 흔적이 남아 있는 곳이기도 하다. 한국 근대사의 아픈 상처들이 역사의 층을 이루며 축적된 장소라 하겠다.

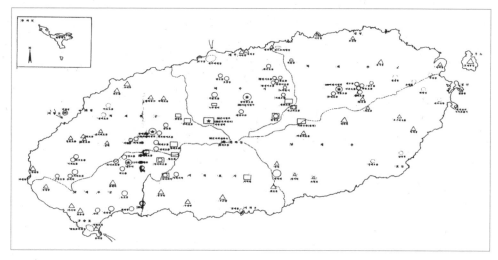

» 〈제주도 근대문화유산 조사 및 목록화 보고서〉에 실린 일본군 동굴진지와 그 분포.

태평양전쟁 최후의 결전을 위한 준비, 동굴진지

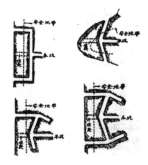

» 갱도 구축 사례. 전면에 안전지대를 만든 뒤 본 갱도로 이어지도록 설계되었다.

1945년 일본 해군이 작성한 〈제주도연안방어배치요도濟州道沿岸防禦配備要圖〉를 보면 제주, 서귀포, 모슬포, 한림, 김녕, 표선, 성산 지역을 중심으로 방어계획이 수립되었다는 것을 알 수 있다. 이는 기본적으로 제주와 모슬포의 항공기지 방어에 초점을 맞춘 것이었다. 연안방어계획과 더불어 미군이 상륙했을 경우 필사적으로 저항하기 위해 제주도 전역에 동굴진지를 구축해놓았는데, 동굴 진지는 진지 구축에 관한 일정 지침에 따라 조성되었다.

1945년 제작된 기술원과 육군성의 〈지하공장건설지도요령〉에 근거해 동굴진지의 구축 형식을 추측해보면 지형과 지질조건을

» 다양한 형태로 구축된 방어용
동굴진지.

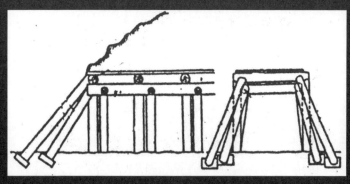

» 갱도 단면과 입구 시공 사례
(위) 그리고 갱목 지지대가 사용
된 흔적(아래).

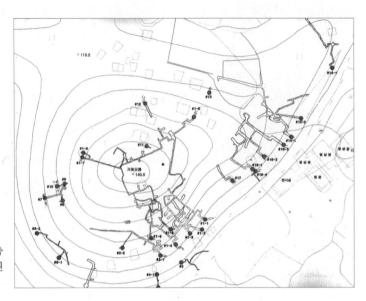

» 〈등록문화재 일제 동굴진지 측량도〉에 실린 가마오름에 구축된 일본군 동굴진지 분포.

고려해 상당히 치밀하게 만들어졌다는 것을 알 수 있다. 곧 입지 조건, 배치, 방재防災, 내부 환기에 관한 지침에 따라 '평행형태' '끝부분연결형태' '평행사선형태' '사선형태'와 같이 구조화된 것이다.

　또한 동굴진지의 단면은 안전성을 고려해 원형이나 아치·수평 형태였다. 동굴진지의 형태가 어떻든 갱도의 붕괴를 막기 위해서는 지지대를 설치할 수밖에 없는데, 원형이나 아치 형태의 동굴은 천장을 중심으로 지지대가 세워졌고, 수평 형태의 갱도는 벽면과 천장 모두에 지지대를 놓았는데 갱도 폭이 넓을 경우에는 통로 중간에도 지지대를 두었다. 지지대로는 대개 갱목을 사용했던 것으로 보인다.

　〈지하공장건설지도요령〉에는 동굴진지 입구의 위험을 줄이

등록문화재 목록(2012년 기준)

지정번호	문화재명	소재지	지정일
39호	남제주 비행기 격납고(알뜨르비행장)	서귀포시 대정읍 상모리 1489, 1530, 1542, 1945	2002년 5월 31일
306호	제주 사라봉 일제동굴진지	제주시 건입동 387-1	2006년 12월 4일
307호	제주 어승생악 일제동굴진지	제주시 해안동 산 220-1외	2006년 12월 4일
308호	제주 가마오름 일제동굴진지	제주시 한경면 청수리 1171외	2006년 12월 4일
309호	제주 서우봉 일제동굴진지	제주시 조천읍 북촌리 86	2006년 12월 4일
310호	제주 섯알오름 일제동굴진지	서귀포시 대정읍 상모리 1670	2006년 12월 4일
311호	제주 일출봉해안 일제동굴진지	서귀포시 성산읍 성산리 79 지선 공유수면	2006년 12월 4일
312호	제주 모슬포 알뜨르비행장 일제 지하벙커	서귀포시 대정읍 상모리 1670	2006년 12월 4일
313호	제주 해안 일제동굴진지	서귀포시 대정읍 상모리 195-2 지선 공유수면	2006년 12월 4일
314호	제주 모슬봉 일제군사시설	서귀포시 대정읍 상모리 3415	2006년 12월 4일
315호	제주 이교동 일제군사시설	서귀포시 대정읍 상모리 3262-1	2006년 12월 4일
316호	제주 셋알오름 일제고사포진지	서귀포시 대정읍 상모리 316	2006년 12월 4일
317호	제주 송악산 외륜 일제동굴진지	서귀포시 대정읍 상모리 산2	2006년 12월 4일

》 관음사 동굴진지.

» 월라봉 동굴진지 토치카의 외
부(위)와 내부에서 밖을 본 모습
(아래).

기 위해 입구 윗부분을 절개한 뒤 포탄에 견딜 수 있는 마감 재료를 사용하라고 명시되어 있다. 입구부터 진지 내부의 일정 거리까지는 폭탄 확산 방지구역으로 정하고 방호장벽을 겹겹이 설치해놓도록 한 것이다. 이런 점을 보면 동굴진지가 최후 방어공간으로서 무척 치밀하게 계획되었다는 것을 다시 한 번 확인할 수 있다.

현재 등록문화재 308호로 지정되어 있는 가마오름 동굴진지는 제주도의 일본군 동굴진지 가운데 가장 규모가 크고 다양한 형태의 동굴이 남아 있는 대표 유적지다. 내부는 양방향으로 통할 수 있는 형태인데 그 사이사이로 방 여러 개가 구성되어 있는 것이 특징이다.

2012년 기준으로 제주도에 남아 있는 동굴진지 가운데 대략 9곳 정도만 등록문화재로 지정되어 있는데 관리나 활용 측면에서 더 많은 유적이 등록문화재 목록에 등재될 수 있도록 검토할 필요가 있다.

특히 관음사 동굴진지는 구축 당시의 원형이 잘 보전되어 있는데다 주변에 포진지 흔적까지 남아 있어 보존 가치가 높다고 할 수 있다. 월라봉 동굴진지 역시 보존 상태가 양호하고 해안 방어를 위해 포를 설치했을 정도로 규모가 크다. 진지의 역할과 기능, 방어지로서 장소성을 잘 나타내고 있다고 볼 수 있다. 아울러 진지 곳곳에는 진지를 구축할 당시 강제로 징용된 이들의 이름이 곳곳에 쓰여 있어 참혹했던 상황을 짐작게 해준다.

《 월라봉 동굴진지 입구(위). 내부 벽면에는 누군가의 이름이 새겨져 있다(아래).

2부

해방 전후 혼란기에 탄생한
근대건축물

4장

제주 4·3사건이 남긴 흔적

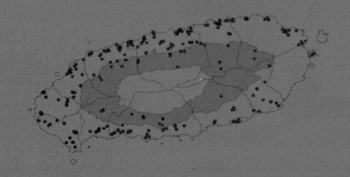

1940~1950년대 제주는 혼란의 땅이었다. 그 중심에는 제주 4·3사건이라는 비극이 놓여 있다. 4·3사건은 1948년 4월 3일부터 1954년 9월 21일까지 수많은 제주도민이 공권력에 희생된 사건을 말한다. 4·3사건의 발단은 1947년 3월 1일 제주 북초등학교에서 거행된 3·1절 기념식이었다. 기마경찰이 탄 말에 어린아이가 치이는 사고가 발생했는데 해당 경찰은 아이를 그대로 두고 가버렸다. 사람들이 경찰서까지 쫓아가 항의하자 이를 습격으로 인식한 경찰은 군중을 향해 발포했고 결국 6명이 사망하고 8명이 중상을 입는 유혈사태가 발생했다.

그러나 미군정과 경찰국은 이 사건을 정당방위에 따른 발포로 규정하고 3·1절 기념식을 주관한 관계자들을 연행해버렸다. 민심은 서서히 들끓었다. 이후 계속된 검문과 탄압이 이어지자 남로당 제주도당 골수당원이던 김달삼은 무장대원을 이끌고 1948년 4월 3일 새벽 2시 주요 오름에서 보낸 횃불 신호를 시점으로 일제히 경찰서를 습격했다. 제주 인구의 13퍼센트가 희생된 4·3사건의 비극은 이렇게 시작되었다. 민간인 희생에 관해 당시 이승만 정권과 미군정이 직접 학살을 명했거나 사실상 방관했다는 비판을 받고 있어 보다 구체적인 진실규명이 요구되고 있다. 이를 위해 '제주4·3사건 진상규명 및 희생자 명예회복에 관한 특별법'이 제정되기도 했다.

6년 5개월이라는 시간 동안 제주에 남겨진 수많은 유적은 4·3사건의 상처가 제주도민들에게 얼마나 깊이 자리 잡고 있는지 말해준다. 4·3사건 유적은 이른바 '초토화작전'을 위해 소개령이 내려졌던 표고 200~600미터 지역의 중산간中山間 마을을 중심으로 남아 있다. 이런 유적은 다양한 형태로 제주 전역에 분포한다.

제주4·3연구소를 중심으로 관련 자료들이 정리되기도 했지만, 70여 년이 지나면서 당시 유적이나 건조물들이 차츰 사라지고 있는 실정이다. 피해자와 가해자 입장에서 대립했던 4·3유족회와 제주경우회가 오랜 갈등과 대립에서 벗어나 화해와 상생을 위해 손을 잡으면서 제주가 평화와 인권의 섬으로 차츰 변화하고 있다는 점은 반길 일이다. 4·3사건이 제주 사회에 남긴 가슴 아픈 흔적들은 이제 평화 교육의 장으로서, 또 진정한 제주의 모습을 알리는 '다크투어리즘'과 관련한 의미 있는 문화 자원으로서 활용되어야 할 것이다.

이번 장에서는 4·3사건 유적의 전반적인 특징을 살펴보고, 당시 상황을 이해할 수 있는 유적 가운데 하나인 4·3성(일명 전략촌)과 피해 학교에 대해 이야기하고자 한다.

4·3사건 유적과 그 역사적 의미

제주특별자치도와 제주4·3연구소가 발간한 〈4·3사건 유적 I: 제주시, 북제주군〉 〈4·3사건 유적 II: 서귀포시, 남제주군〉이라는 보고서에는 4·3사건 관련 유적이 제주시와 서귀포시에 걸쳐 넓게 분포되어 있다는 것을 보여준다. 이는 잘 알려진 것처럼 4·3사건이 특정 지역에서만 일어난 사건이 아니라 제주 전역에 걸쳐 다양하고 복잡하게 진화한 사건이라는 것을 다시 한 번 입증한다. 제주도는 '제주 4·3 유적 종합정비 및 유해 발굴 기본계획'을 수립해 제주 마을 162곳 가운에 120개 마을을 조사하면서 '잃어버린 마을' '4·3성' '은신처' '학살터' '주둔지' 등으로 4·3사건 관련 유적을 분류해 정리했다. 이 항목들이 의미하는 것이 무엇인지 먼저 살펴보자.

잃어버린 마을

〈4·3사건 유적 I〉에서는 '잃어버린 마을'을 1948년 11월 이후 토벌대가 전소시켜 지금까지 복구되지 않은 마을로 정의한다. 분포 현황을 살펴보면 전반적으로 제주읍 지역에 모여 있는데, 중산간에 위치한 마을보다는 해안과 가까운 저지대 마을들이 집중적으로 소실되었던 듯하다. 아마도 토벌대와 무장대 간의 접촉을 막고 무장대를 효율적으로 없애려는 목적에서였을 것이다.

조사 마을 수

구분\n지역	제주읍	조천면	구좌면	애월면	한림면	한경면	서귀면	남원면	표선면	성산면	중문면	안덕면	대정면	총계
전체 마을 수	24	10	12	19	15	13	12	9	6	12	8	11	11	162
조사 대상 마을 수	24	9	11	16	10	6	6	8	5	6	7	6	6	120

유적 분포 현황

구분\n지역	제주읍	조천면	구좌면	애월면	한림면	한경면	대정면	안덕면	중문면	서귀면	남원면	표선면	성산면	총계
잃어버린 마을	33	10	8	3	6	2	1	8	5		10	1	1	108
성	8	2	1	20	7	6	6	2	6	2	4		1	64
은신처	9	11	3	3	2		1	2	1		3			35
학살터	40	12	16	13	12	8	10	7	13	6	9	5	3	154
수용소	2	3			2		1	2	2	5		1		18
주둔지	17	6	5	13	4	5	4	3	5	8	7	3	3	83
희생자 집단묘지		1			1		1				3			6
비석	17	1	1	5		1	1	1	4	4	2	2	2	41
역사 현장	9	7	6	8	3	2	5	2	4			3	2	61
기타	3	2	1	1		1	1	3	2	1	1	1		17
총계	149	58	42	90	37	25	31	30	42	26	39	16	12	597

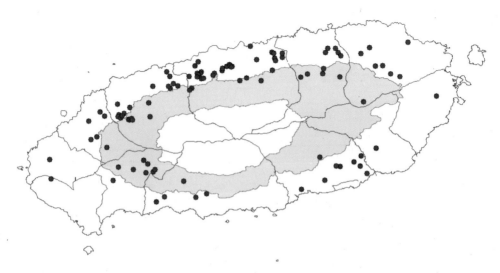

» 잃어버린 마을 분포.

4·3 성城

　1948년 12월 이후 무장대와 마을 주민간의 연락을 차단하고 주민을 효율적으로 통제하기 위해 주민을 동원해 마을 주변에 성城을 축조했다. 이를 4·3성 또는 전략촌이라 부른다. 4·3성의 형태와 규모는 일정하지 않지만 일반적으로 사각 형태를 하고 있으며 모퉁이마다 경비초소를 설치했다. 또 성 가운데에는 마을 주민이 거주하는 공간과 경찰지서를 두었다. 4·3성은 주로 애월면과 한림면에 집중되어 있다. 이들 지역에서 무장대의 활동이 활발했다는 것을 말해준다.

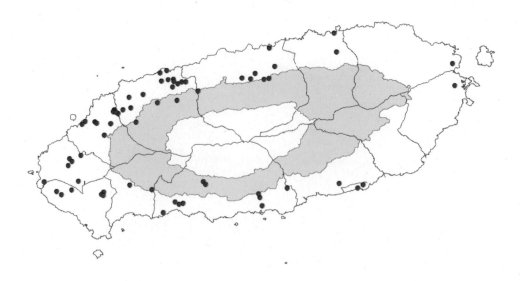

» 무장대의 침입을 막기 위해 구축한 4·3성 분포.

은신처와 학살터 그리고 주둔지

4·3사건 발생 기간 동안 주민들은 무장대와 토벌대 사이에서 불안한 상태로 생활했다. 무장대의 습격과 토벌대의 검문으로 영문도 모른 채 희생당하는 경우가 많았기 때문이다. 이런 상황을 경험한 마을 주민들은 무장대나 토벌대가 나타나면 마을 주변의 은밀한 공간이던 동굴이나 곶자왈 속으로 은신하곤 했다. 은신처 분포를 보면 전반적으로 중산간 지역, 그중에서도 동쪽에 집중되어 있는 것을 알 수 있는데, 이는 앞서 언급했던 4·3성이 비교적 서쪽에 몰려 있는 것과도 관련 있는 것으로 보인다. 곧 은신이나 방어를 위해 4·3성을 쌓았던 서쪽 주민과 달리 은신처를 확

» 토벌대와 이야기를 나누는 중
산간 마을 주민(위)과 사라진 영
남리 터(아래).

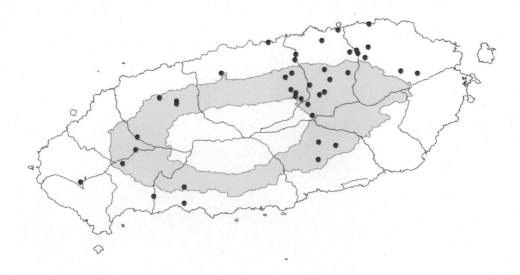

》지역적 특성을 보여주는 은신처의 분포.

보하지 못했던 동쪽 주민은 성을 쌓는 대신 오름이나 동굴이 상
대적으로 많은 지형적 특성을 이용한 것이다. 그 대표 사례가 바
로 1992년 4월 2일 11구의 유골과 유품이 발굴된 다랑쉬오름 동
굴이다. 동굴 내부에서 발굴된 유골 상태와 유품이 당시 긴박했던
사정과 힘들었던 은신 생활을 짐작게 해 안타까움을 더했다.

　　반면 토벌대나 무장대에 의해 주민들이 집단적으로 희생된
장소인 학살터는 제주시와 서귀포시에 걸쳐 있는데 주로 서쪽 해
안 지역에 많다. 주목할 만한 것은 군인이나 경찰, 서북청년단이
주둔했던 지역과 거의 일치한다는 점이다. 이는 주둔지에 인접한
마을에서 학살이 가장 많았음을 말해준다. 곧 무장대와 토벌대

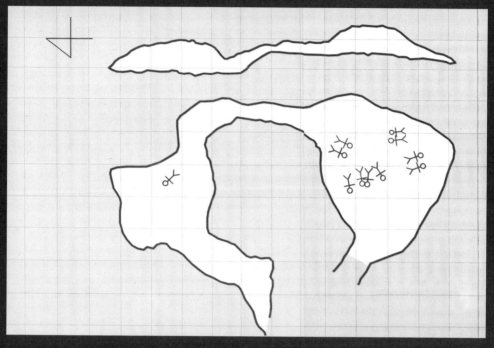

» 다랑쉬오름 동굴의 내부 평면
과 유골 발굴 위치(위) 그리고 다
랑쉬오름 동굴에서 발견된 무쇠
솥(아래). 오랫동안 은신할 수 있
도록 취사도구를 준비해두었다.

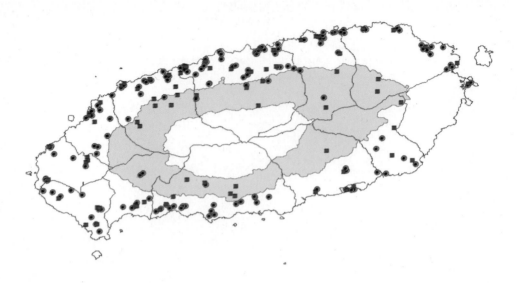

» 서쪽 해안에 집중된 학살터와 주둔지 분포(주둔지■, 학살터●).

사이의 전투나 토벌대의 검문검색 과정에서 희생당하는 경우가 빈번했던 것이다. 실제로 1948년 12월 29일 제주 주둔군은 제9연대에서 대전에 주둔했던 제2연대로 바뀌는데, 이들은 제9연대와 마찬가지로 강경진압을 택했다. 특히 '폭도지역'이라 불리는 곳에서는 더욱 강경한 작전을 펼쳐 '북촌 주민 집단학살사건' 같은 참극이 벌어지기도 했다.

주둔지는 비교적 넓은 공간을 보유한 학교나 무장대가 내려오지 못하도록 좀더 적극적으로 차단하고 압박할 목적으로 중산간 지역에 마련하기도 했다. 이들 지역에서는 엄호나 은폐를 위해 현무암으로 사각 형태의 성城을 쌓아 수십 명씩 머물렀다.

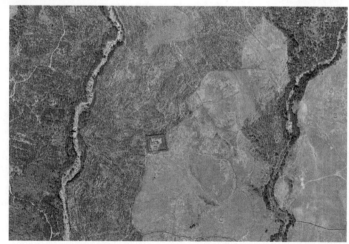

» 제주농업학교에 주둔한 보병 제2연대(위)와 서귀포시 남원읍 신례리의 수악물오름 인근에 구축되었던 수악 주둔지 모습. 중앙의 작은 사각형 부분이 주둔지다 (아래).

전략적으로 축조된 4·3성의 특징

4·3성은 다랑쉬오름의 은신처와 같이 4·3사건의 비참함을 잘 보여주는 유적이다. 4·3성은 이른바 무장대의 잦은 공격에 대한 방어를 위해, 무장대와 주민 간의 연락을 차단하기 위해, 그리고 무장대를 토벌하기 위해 만들어진 일종의 요새화된 건조물이라 보면 된다. 1949년 2월 중산간 마을에 소개령[1]이 내려지면서 주민들의 주거에는 많은 변화가 따랐는데, 당시 주거 형태를 몇 가지로 정리하면 다음과 같다.

1. 기존 마을에 10척 내외로 성을 쌓고 성문 입구에 초소를 세워 감시하는 형태.[2]
2. 동굴에 임시 거처를 마련해 거주하는 형태.
3. 소개된 마을 주민을 집단으로 거주하게 해 관리하고, 방어 공간으로 활용하기 위한 전략촌[3]을 건설해 거주하는 형태.

이와 관련한 구체적 자료는 없지만 몇몇 문헌과 그 터가 남아 있어 당시 생활상을 짐작해볼 수 있다. 이른바 '산사람'으로 불린 무장대의 토벌이 끝나갈 무렵인 1949년 봄이 되면서 해변 마을로 소개된 주민들의 임시 주거지가 정해졌는데, 그곳이 다름 아닌 4·3성이었다. 소개민을 쉽게 통제하고 무장대와 접촉하는 것을 완전히 차단하려는 용도로 계획된 4·3성은 대부분 소개민을 강

《 수악주둔지 내부의 방호벽(위)과 총구(아래).

제로 동원해 축조했다고 한다.[4] 그래서 이를 4·3성, 전략촌, 건설부락, 재건부락으로 부르곤 한 것이다.

제주시 노형동 정존마을(현 노형초등학교 인근)에 축조된 4·3성은 규모가 가로 220미터, 세로 210미터에 이르렀다. 지금은 당시 모습이 남아 있지 않지만 1967년 항공사진을 보면 전체 윤곽을 어느 정도 파악할 수 있다. 실제로 이곳 4·3성의 배치도와 비교해 보면 외곽 경계 부분과 내부 도로 형태가 거의 일치한다는 것을 알 수 있다. 가장 원형에 가깝게 남아 있는 곳은 조천읍 선흘리 낙선동에 있는 4·3성이다. 이곳은 가로 140미터, 세로 110미터의 거의 정방형에 가까운 형태다. 1967년 항공사진을 보면 내부에 수십 채의 초가가 들어서 건축 당시의 모습은 찾을 수 없지만 돌로 축조된 방호벽과 모서리의 경비초소, 도로에서 진입할 수 있는 출입구의 흔적은 뚜렷이 확인할 수 있다. 이곳은 현재 원형이 남아 있는 방호벽과 주거지, 경비초소 등이 일부 복원되어 역사교육장으로 활용되고 있다.

축성작업은 반을 나눠 반장의 책임 아래 구역을 할당해 진행되었다. 이들은 불탄 집터의 울담, 밭담을 맨손이나 지게, 짚으로 만든 등테로 옮겨 방호벽을 쌓았다. 방호벽 밑에는 습격을 막으려고 해자를 설치했는데 폭 1미터, 깊이 1.5미터 정도의 도랑을 판 뒤 가시나무나 실거리나무로 둘러쳤다.

성 내부는 일률적으로 조성하지는 않았던 것으로 보인다. 선흘리를 보면 정문 외에 후문까지 두었고, 경찰지서와 집단 임시주

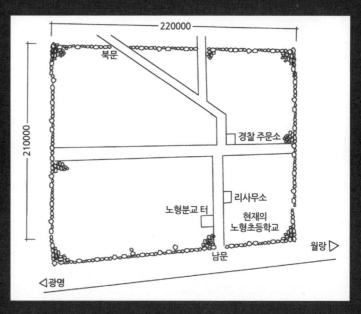

» 제주시 노형동 정존마을에 축조된 4·3성 배치도(위)와 1967년 항공사진(아래).

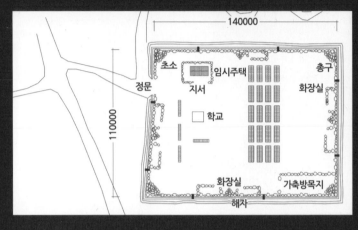

» 조천읍 선흘리 낙선동에 축조
된 4·3성 배치도(위)와 1967년
항공사진(가운데) 그리고 2013
년 위성사진(아래).

» 낙선동 4·3성이 복원되기 전
원형에 가깝게 남아 있던 방호벽
형태와 단면.

» 마을 사람들을 동원해 4·3성
을 쌓는 모습과 초소(왼쪽 위)

택, 가축 방목지, 공동 화장실, 초소도 설치되어 있다. 또 초소 아
래에는 순번제로 대기하는 공간을 만들어두었는데, 상부를 원두
막처럼 두른 장소에서 보초를 섰다고 한다.

　흥미로운 부분은 임시주택이다. 임시주택은 집단으로 거주할
수 있도록 한 동에 네 세대가 입주했다. 그러나 말 그대로 임시 거
처였기에 바닥에 고사리 같은 것을 깔아 겨우 누울 수 있게 했으
며, 한쪽에는 밥을 지을 수 있는 공간을 두었다.[5] 주택 외벽은 돌로
쌓았고 내부 칸막이는 억새를 이용해 만들었으며 지붕은 나무를
베어다가 간략히 틀을 짠 뒤 역시 억새로 엮어 덮었다. 당시 생활
이 얼마나 어려웠는지 가늠이 된다.

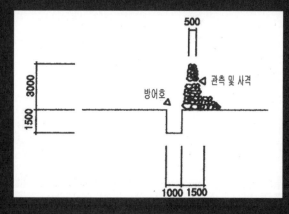

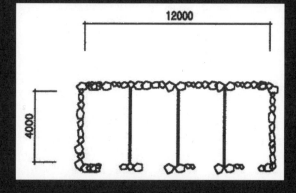

» 낙선동 4·3성의 방호벽 단면
도(위)와 무장대의 움직임을 관
측하거나 사격하기 위해 만든 개
구부(가운데) 그리고 낙선동 4·3
성의 임시주택 평면도(아래).

잘 알려지지 않은 교육시설의 피해

4·3 사건 주요 유적과 교육시설의 관련성

4·3사건으로 교육시설도 상당 부분 피해를 입었다. 학교 건물은 토벌대와 무장대의 습격을 많이 받을 수밖에 없었는데, 공공시설이어서 점유가 용이하기도 했고 또 운동장이나 교실이 있어 주둔이나 훈련 또는 주민들을 수용하는 데 활용될 수 있었기 때문이다. 실제로 4·3사건으로 피해를 입은 곳은 학교 인근 마을이 많았다. 이는 학교 시설이 갖는 공간적·지리적 중요성을 반영한다고 할 수 있다.

4·3 사건으로 피해를 입은 교육시설들

4·3사건으로 학교시설이 피해를 입은 시기는 토벌작전 양상과 관련이 있다. 대개 1948년에 크고 작은 피해를 입었다. 또한 대

» 고산초등학교.

부분 11월과 12월에 집중되었는데, 이는 4월 1일 이후 토벌작전이 본격적으로 전개된 탓이다. 4·3사건으로 피해를 입은 학교 건물은 4·3사건의 격동기를 보여주는 근대문화재로서 가치를 갖는다. 지금은 세월이 많이 흘러 철거된 학교가 많지만, 고산초등학교, 북촌초등학교, 서귀초등학교, 신촌초등학교, 중문초등학교는 비교적 잘 보존되어 있다. 고산초등학교는 주민 수용소로 사용되었던 듯하다. 당시 학교 운동장에 학생들이 모여 있는 사진을 보면 규모가 제법 컸다는 것을 확인할 수 있다.

서귀초등학교 역시 당시 사진을 통해 개략적인 시설 형태와 규모를 짐작할 수 있는데, 중앙에 출입구가 있는 것으로 보아 좌우로 각각 3~4개 교실이 대칭으로 배치된 편복도 형식으로 추정된다. 신촌초등학교나 중문초등학교도 시설 규모는 조금씩 차이는 보이지만 거의 유사한 형태였을 것이다.

» 서북청년단이 머물렀던 성산초등학교. 지금은 폐허 상태로 남아 있다.

5장

한국전쟁이 남긴
군사전적지

한국전쟁과 육군 제1훈련소

제주의 근대는 그 아름다운 풍광과는 반대의 길을 걸어야 하는 운명이었던 것 같다. 조선시대 말까지 유배지였던 변방의 땅 제주는 일제강점기 말에는 태평양전쟁 최후의 군사기지로 이용되었고, 해방 이후에는 4·3사건까지 겪어야 했다. 그런데 여기서 그친 게 아니다. 한국전쟁이 발발하면서 제주는 다시 한 번 혼란의 소용돌이 속으로 빠져든다.

한국전쟁 초기 낙동강을 중심으로 치열한 전투가 벌어졌고, 긴박한 상황에서 전선에 보낼 군인이 더 필요했다. 이에 육군은 1950년 8월 14일 대구의 제25연대를 모체로 제1훈련소를 창설했다. 그런데 1951년 1·4후퇴로 전세가 또다시 급박하게 돌아가자 1월 21일 제1훈련소를 모슬포로 이전한다. 당시 모슬포에는 해방 이후 창설된 국경경비대인 제9연대가 주둔 중이었다. 1951년 11월에는 논산에 제2훈련소를 창설하고 이승만 대통령이 연무대鍊武臺라는 휘호를 부여하기도 했다. 당시 육군은 거제도의 제3훈련소

» 육군 제9연대 정문. 왼쪽 지주에 강병대라는 글귀가 보인다.

를 비롯해 제7훈련소까지 창설해 운영했는데, 한국전쟁이 끝난 뒤
에는 제2훈련소를 제외한 다른 훈련소는 모두 폐쇄했다. 논산의
제2훈련소는 1999년 2월 육군훈련소로 이름을 바꾸어 오늘에
이르고 있다.[6]

　모슬포 제9연대 자리에 제1훈련소가 설치되면서 야전병원인
육군 98병원과 공군사관학교도 함께 이전되었다. 제1훈련소는 약
10만 명을 수용할 정도로 그 규모가 상당했다고 한다. 제1훈련소
위치는 지금의 대정고등학교 사거리 근처인데, 현재 해병대가 주둔

» 대정고 사거리에 남아 있는 육
군 제1훈련소 정문 지주.

중인 지역을 중심으로 해안가 방향 일대라고 보면 된다. 제1훈련소 정문 지주는 원래 모슬포에 주둔하던 제9연대 정문이었지만 제1훈련소를 확대하면서 훈련소 정문으로 바뀌었다. 제1훈련소의 통칭인 강병대强兵臺는 육군 제9연대의 휘호였다고 한다.

1967년 항공사진을 보면 제1훈련소 흔적이 일부 보이는데, 병사숙소와 장방형 훈련시설이 밀집되어 있는 것을 확인할 수 있다.

정확한 기록은 남아 있지 않지만 1967년 항공사진에 나타난 시설 분포를 보면 알뜨르비행장을 비롯해 일본군이 구축해놓은 탄약고나 통신시설 같은 다양한 군사시설을 그대로 이어받아 활용하면서 추가로 필요한 시설을 보충했던 것으로 보인다. 당시 훈련병들이 기거했던 병사兵舍들을 보면 그 규모가 상당했을 것으로 추정된다. 병사만 약 80여 동이었던 것으로 전해지는데, 병사 형태와 크기를 가늠해볼 수 있는 원형이 남아 있다. 해병대 주둔지 내에 등록문화재 제410호로 지정되어 관리 중인 옛 해병대 훈련시설이다. 병사는 창고처럼 지어졌는데, 제주 현무암으로 주요 뼈대를 만든 뒤 목조 트러스 구조의 슬레이트 지붕을 올려 마감했다.

한국전쟁이라는 위기상황 속에서 군사교육을 받아야 했기에 훈련소 여건은 그다지 좋은 편은 아니었다. 먹을 것부터 입을 것, 그 밖의 환경들이 결코 녹록치 않았을 것이다. 게다가 전장戰場에 곧바로 투입되어야 하는 상황이었기에 심리적 압박이 무척 크지 않았을까. 이곳에서 훈련받은 수많은 군인들은 낙동강 전선을 비롯해 전국 각지로 투입되어 목숨을 걸고 싸워야 했다. 그랬기에 제

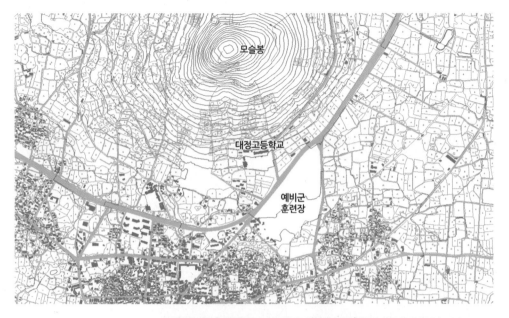

》 현재 대정고등학교 교차로 아래 모슬포 예비군훈련장 지역이 제1훈련소 자리였다(위). 아래 항공사진은 1967년 촬영된 것으로 보안상 검게 칠해진 구역이 군사지역인데, 왼쪽 아래 검은 부분에 육군 98병원이 있었고, 오른쪽 아래 검은 부분에 육군 제1훈련소가 있었다. 각 군사시설의 위치와 규모를 추정해볼 수 있다.

» 한국전쟁 당시 육군 제1훈련소 지휘소. 중앙 출입구에 부대 로고와 '제1훈련소 본부'라는 글귀가 뚜렷이 보인다.

1훈련소 터는 한국 근현대사에서 무척 중요하면서도 가슴 아픈 장소라 하겠다.

　　해병대 주둔지에 보존되어 있는 옛 육군 제1훈련소 지휘소와 해병대 훈련시설은 보수 과정에서 일부분 원형과 달라지긴 했지만 대부분 초기 형태를 유지하고 있다. 육군 제1훈련소 지휘소는 원래 일제강점기에 건축된 건물로 알뜨르비행장 지원 시설의 일부였던 것으로 추정된다. 중앙에 출입구를 둔 좌우 대칭형의 단순한 건축물인데, 제주 현무암을 사용해 외관은 중후한 느낌을 주지

《 육군 제1훈련소 전경(위)과 전장으로 투입될 훈련병들(아래).

» 지휘소 내부의 중앙 통로.

만 내부는 비대칭적으로 구획되었으며 중앙 복도를 중심으로 좌
우로 업무 공간이 나뉘어 있는 것이 특징이다. 한국전쟁 당시 상황
을 간접적으로나마 느낄 수 있게 해주는 귀중한 전쟁 유적이다.

　　육군 제1훈련소와 인접한 곳에 있는 해병대 훈련시설은 지휘
소와 비슷하게 목조 트러스 지붕에 현무암으로 외벽을 쌓은 단순
한 형태다. 최근 보수되었는데, 병사와 함께 남아 있는 세면장 형
식이 무척 독특하다. 이곳에서 해병대 3기와 4기를 교육했다고 한
다. 이들은 인천상륙작전에 참전해 큰 공을 세웠다.

《 보존된 지휘소 전경(위)과 중앙
출입구(아래).

강병대 교회

　한국전쟁 당시 육군 제1훈련소 소장이던 장도영은 훈련 장병의 정신력을 강화시키기 위해 1952년 9월 14일 남제주군 대정읍 상모리에 강병대 교회強兵臺教會를 건립했다. '강병대 교회'라는 명칭은 문자 그대로 '강인한 군인을 교육시키는 교회'라는 의미다.

　1956년 1월, 육군 제1훈련소가 해체될 때까지 약 50만 명의 신병이 교육을 받았는데, 강병대 교회는 신병들에게 커다란 정신적 힘이 되었을 것이다. 강병대 교회는 건축 양식 면에서도 살펴볼 만하다. 1953년 교회 부흥회 때 촬영된 사진에서도 알 수 있듯 교회 상징이라 할 수 있는 종탑 부분이 사면 끝에서 한 점으로 모아지는 형태를 취했다. 여러 차례 보수 과정에서 변형되기도 했지만 지금은 원래 형태로 복원되었다. 제주 현무암으로 축조된 외벽과 지붕, 중앙 출입구와 내부 제단 역시 원형을 그대로 유지하고 있다. 지금은 예배 공간 일부가 사무 공간으로 사용되고 있다. 강병대 교회는 교회 건축으로서만이 아니라 국군 사적지로서도 역사적 가치가 매우 높아 등록문화재 제38호로 지정되었고, 현재 공군에서 관리하고 있다.

　강병대 교회는 전쟁 당시에는 신병들의 정신적 버팀목으로 기능하다가 전쟁이 끝난 뒤에는 종교 모임과 교육 공간으로서 지역 사회에서도 그 역할을 톡톡히 해냈다. 1953년 3월 20일, 교회 부흥회를 끝내고 촬영한 사진은 당시 분위기를 잘 보여주는데, 군인

《 옛 해병대 훈련시설 전경(위)과 복원된 내부(아래).

» 강병대 교회와 장도영 소장의 건립기념비.

과 그 가족, 지역 주민들이 새로운 시대를 꿈꾸는 듯 밝은 표정을
짓고 있다.

　강병대 교회는 육군 제1훈련소가 해체된 이후 1965년 육군
에서 공군으로 관리 주체가 바뀌었고, 1970년부터는 신우고등
공민학교 교사로 사용되었다. 그러나 1982년 학교가 폐교되면서
1995년에는 다시 교회 예배당으로 쓰기 위해 내부를 전면 보수했
다. 지금은 공군 부대의 기지교회로 사용 중이다.

» 강병대 교회 정면(위)과 뒤쪽
(아래). 건물 뒤쪽은 앞쪽과 대조
적으로 차분하다.

» 1953년 3월 20일, 강병대 교회의 부흥회가 끝난 뒤 촬영한 사진.

육군 98병원

　육군 98병원은 한국전쟁 당시인 1952년 6월 9일 육군 제1훈련소 예하로 제주 모슬포에 창설되었다. 그 뒤 육군본부 소속이었다가 1968년 8월 25일 제28육군병원으로 명칭이 바뀌었다. 육군 98병원은 한국전쟁 당시 크게 세 가지 역할을 수행했다. 전선에서 부상을 입어 제주로 후송된 장병의 치료, 제1훈련소 예하 8개 훈련 연대의 부상 장병 치료, 제주로 피난 온 피난민과 제주도민의 치료다. 군 병원이었지만 일반 병원 역할까지 수행한 것이다.[7]

　육군 98병원 건물은 현재 제주특별자치도 교육청의 관리시설로서 대정여고의 다목적 교육공간으로 활용되고 있다. 보존 상태는 무척 좋은 편이다. 병동 전면은 기존 벽면 앞에 별도의 구조

》 육군 98병원의 병동 출입구
(위)와 증축된 우측 모습(아래).

》 병동 벽체 모습(위)과 대정여고
인근 집합주택 단지에 남아 있는
육군98병원 충혼비.

물을 설치한 형태인데 나중에는 내부 공간이 협소해 우측으로 일부 공간을 증축했다.

좌측은 비교적 원형 그대로 남아 있다. 병동이라는 공간적 특성상 길게 늘어진 벽체의 구조적 취약성을 보완하기 위해 버팀벽을 설치해놓은 것이 특징이다. 이런 버팀벽이 단조로운 벽면에 변화를 주었다. 벽체 끝부분의 기둥을 돌출시킨 것도 독특하다. 또곳곳에 제주 현무암을 사용해 거칠고 투박하면서도 중후한 느낌을 준다. 내부는 병동으로 사용했기 때문에 전체가 개방된 형태였다. 천장은 지금은 마감재로 가려져 있지만 예전에는 목조 트러스 구조가 그대로 드러난 모습이었다.

한편, 대정여고 인근 집합주택 단지에는 육군 98병원과 관련한 충혼비가 있다. 1955년 10월 31일 건립된 이 비석은 정전협정 뒤에도 군과 지역에서 계속 활동하다가 순직한 장병을 기리기 위한 것이다. 비석에 새겨진 군병원 마크가 특징적인데, 횃불과 뱀은 봉사와 지혜, 의료를 상징하고, 비둘기 날개는 평화와 사랑을 기원한다는 의미다.

육군 98병원은 대한민국 육군 병원 변천사에서 중요한 위치를 차지할 뿐 아니라 한국전쟁 당시 삶과 죽음이 오갔던 현장이라는 공간적 기록으로서도 무척 큰 의미가 있는 장소다.

» 경작지에 남겨진 중공군 포로수용소 흔적. 제주 현무암을 쌓아 조성한 것으로 당시 포로수용소의 형태와 규모를 짐작할 수 있다.

중공군 포로수용소와 '사랑의 집'

전투를 하다 보면 사망하거나 다치기도 하지만 상대에게 잡혀 포로가 되기도 한다. 그리고 그 수가 증가하면 이들을 효율적으로 관리하기 위해 수용소를 짓는다. 이는 한국전쟁에서도 마찬가지였다. 초기 유엔사령부는 부산에 포로수용소를 짓고 이들을 관리했다. 그런데 인천상륙작전으로 전세가 뒤집히고 이후 중공군이 본격적으로 개입하면서 포로 수는 감당할 수 없을 만큼 증가했다. 이에 거제도에 대규모 수용소를 건설하는데 당시 포로 수

» 집단 활동 중인 중공군 포로.
알뜨르비행장 인근의 2수용소
(하모리)로 추정된다.

가 북한군과 중공군을 합쳐 약 16만여 명에 이를 정도였다.

　　포로가 많아지면서 수용소 내부에서조차 친공과 반공이라
는 이데올로기 대립이 일어나 상대방에 대한 잔혹행위나 폭동이
빈번하게 발생했다. 이에 유엔사령부는 1952년 6월부터 친공 포
로와 반공 포로를 분리해 수용하기로 한다. 이와 함께 북한군 포
로는 거제도를 중심으로 한 내륙 수용소에서 관리하고, 중공군
포로는 제주도로 이관했는데, 여기서도 친공 포로와 반공 포로를
구분해 친공 포로는 정뜨르비행장 인근으로, 반공 포로는 알뜨
르비행장 근처 대정읍 산이수동 지역으로 각각 분리해 수용했다.
1953년 당시 제주도 포로수용소 수용 인원은 약 2만 명 정도였던
것으로 전해진다.

» 1967년 항공사진으로 본 중공군 포로수용소 규모. 사각형으로 표시한 부분으로 추정된다. 오른쪽 검은 부분은 알뜨르비행장이다.

　알뜨르비행장 인근에 설치되었던 중공군 포로수용소의 수용 인원이 많아지자 이들을 1수용소(상모리)와 2수용소(하모리)로 나누어 관리했는데, 당시 사진을 보면 일부는 천막집에서, 일부는 제주돌집에서 생활한 것으로 보인다.

　중공군 포로수용소는 70여 년이라는 세월에 묻혀 그 흔적이 거의 사라졌지만 2수용소(하모리)가 있던 알뜨르비행장 서쪽 산이수동의 밭에 길이 20미터, 높이 2미터 정도의 허물어진 벽체 일부가 남아 있어 당시 규모와 형태를 짐작게 해준다. 밭 경계에는 수용동 벽체 잔해들도 쉽게 발견할 수 있다.

　한편 대정읍에는 산이수동에 수용되었던 중공군 포로들이

» 한때 '통회의 집'이라 불리기도
했던 '사랑의 집' 전경.

속죄의 마음으로 건축했다고 전해지는 종교시설이 비교적 온전한
형태로 남아 있다. 이 종교시설은 포로수용소 군종軍宗이던 설리반
Sullivan 신부가 부지를 매입하고 중공군 포로의 힘을 빌려 축조를
시작했는데, 1953년 포로 교환으로 수용 인원들이 떠나면서 육군
제1훈련소 군종이던 김이환 신부와 김덕제 신부가 나머지 공사를
맡아 진행해 1954년에 완공했다고 한다. 제주 현무암으로 외벽을
쌓은 작은 규모의 성당인데 출입구는 고딕양식의 포인트 아치를
두었고 그 윗부분에 작은 십자가를 걸어놓았다. 측면 창의 윗부분
은 일반적인 아치 형태로 되어 있다. 전쟁에 참여해 많은 피해를 준
죄과를 뉘우치면서 지은 집이라는 의미에서 한때는 '통회의 집'이
라 불리기도 했지만 지금은 '사랑의 집'으로 바꿔 부르고 있다.

전란기 제주와 주거

• 6장은 "김호선, 〈제주사회의 근대화에 따른 주택양식의 변화에 관한 연구〉, 제주대학교 산업대학원 석사논문, 2001" 내용 가운데 피난민주택, 후생주택, 제주4·3사건 원주민을 위한 복귀주택 부분을 바탕으로 새롭게 쓴 것이다.

　　한국전쟁을 거치는 동안 제주에는 수많은 피난민이 몰려들었다. 자연스럽게 정부의 관심도 그들의 생활과 주거에 쏠릴 수밖에 없었다. 이에 정부는 제주에 대한 지원정책을 추진했는데 미약하지만 4·3사건도 그 연장선상에서 해결의 실마리를 찾으려 했던 듯하다. 이런 급격한 사회변화 속에서 초가와 와가라는 제주만의 전통 주거양식은 주거정책에 따른 새로운 양식의 등장으로 그 자리를 서서히 내줄 수밖에 없었다. 한국전쟁 피난민을 위한 주택, 한국전쟁 이후 복구를 위한 후생주택, 4·3사건 때 소개령으로 피난생활을 해야 했던 중산간 지역 원주민을 위한 복귀주택이 그 새로운 양식이었다.

　　한편 민간에서는 이른바 이시돌식 주택(콘센트 막사 형식의 집, 일명 테쉬폰)이 이시돌 목장을 중심으로 빠르게 퍼져나갔다. 애초 이시돌식 주택은 대한주택공사에서 검토했지만 여러 문제점 때문에 주택으로 공급되지 않았던 양식이다. 그런데 건축 기간이 짧고 콘크리트를 사용한 근대 주택이라는 인식을 준 데다 절대적으로 부족한 제주의 주택 사정과 잘 맞아 떨어진 덕에 제주에서는 꽤 인기를 끌었다.

이시돌식 주택을 제외하면 1950~1960년대에 새로운 주거 양식으로 등장한 주택들은 대부분 정부 정책에 따라 지어졌다. 주목할 부분은 주택 형태와 재료는 현대식이었지만 평면구조는 제주 실정에 맞게 설계되었다는 것이다. 이들 주택은 제주 근대의 모습을 있는 그대로 보여준다는 점에서 문화재적 가치가 있다고 할 수 있다.

피난민주택

한국전쟁의 직접적 위협이 없었던 제주에는 수많은 피난민이 유입했다. 피난민들은 제주항, 성산항, 한림항을 통해 들어와 (1950년 7월에만 약 1만 명의 피난민이 유입되었다고 한다. 당시 제주 인구가 28만 명이었으므로 상당한 숫자다) 각 지역으로 흩어져 피난생활을 시작했는데, 제주시에는 무근성을 비롯해 건입동 등지에 정착한 것으로 전해진다.

한국전쟁이 끝난 뒤에는 피난민을 위한 '난민귀농정착사업'이 1955년부터 1959년까지 약 5년간 실시되었다. 이 사업의 대상에는 단순히 전쟁 피난민만이 아니라 4·3사건으로 발생한 이재민도 포함되었는데, 제주도가 계획하고 중앙정부가 지원하는 형태였다.

» 제주의 피난민촌.

우선 피난민의 정착을 위해 주택이 제공되었는데, 지역 상황에 따라 도시형과 농촌형으로 구분되었다. 이에 관한 정확한 자료는 남아 있지 않다. 제주시 봉개동 일대의 피난민주택은 도시형이었을 것으로 추측되는데, 이들 주택은 하나의 건물에 두 세대가 거주하는 형식이었다. 당시로서는 매우 독특한 주거 형태였다. 두 세대 사이에 합벽을 놓아 독립적인 생활공간을 확보하고 마당에는 돌담을 쌓아 경계를 짓는 모양새였다. 각 세대에는 별도의 출입구와 독립된 마당 그리고 우영('텃밭'을 뜻하는 제주 방언)을 두었고 화

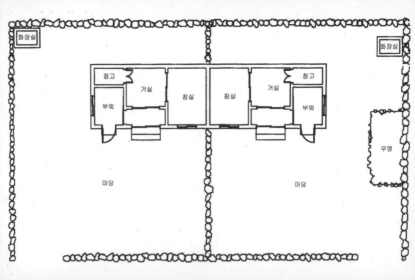

장실은 외부에 설치했다. 곧 외부 공간은 제주의 전통 주거 형식을 따른 것인데 내부 공간은 지붕 형태나 마감 재료 등을 봤을 때 당시로서는 상당히 현대적인 형식이었다. 지금의 번영로가 확장되기 전에는 도로 주변을 따라 피난민주택들이 꽤 양호한 상태로 보전되어 있었지만, 도로가 확장되면서 거의 철거되고 말았다.

후생주택(재건주택)

1953년부터 정부는 파괴된 주거 환경을 복원하고, 피난민 증가에 따른 심각한 주택난을 해결하는 데에 총력을 기울인다. 주택 건설을 포함한 전후 복구에는 미국과 UN의 원조가 큰 힘이 되었다. 미국의 원조는 해방 이후부터 실시되었는데, 미군정이 끝나고 이승만 정권이 들어서면서는 장기 원조로 바뀌었다. 특히 한국전쟁을 계기로 ECA(Economic Cooperation Administration, 경제협력조처) 원조는 SEC(Supplies, Economic Cooperation, 보급품원조프로그램) 원조로 바뀌어 1953년까지 지원되었고, 전쟁 중에는 긴급 구호물자 제공과 전후 복구를 위해 UN 이름 아래 CRIK(Civil Relief In Korea, 한국민간구호계획) 원조, UNRRA(United Nation Relief and Rehabilitation Administration, 국제연합재건부흥처) 원조가 제공되었다.[8] 휴정협정 뒤에는 미국의 원조가 FOA(Foreign Operation Administration, 대외활동본부) 원조, ICA(International Cooperation Administration, 국제협력처) 원조, AID(Agency for International Development, 국제개발처) 원조, PL480(Agricultural Trade Development Assistance Act, 미국 농업 교역 발전 및 원조법에 의한 잉여농산물 원조) 원조로 다양하게 이어졌다. 이때 미국의 주된 원조 물품은 콘크리트블록(콘크리트를 벽돌 모양으로 만든 것)과 프리캐스트콘크리트(기둥, 보, 바닥판 등의 부재를 미리 만들어 양생시킨 것)였다.[9] 당시 주택 건설은 지금의 행정자치부에 해당하는 사회부가 주관했는데, UNKRA(United Nations Korean Reconstruction Agency, 국제연합한국재건단, 한국의 경제부흥과 재건을 돕기 위해 1950년 12월 유엔총회의 결의로 창설된 원조기관으로 1958년에 해체됨)의 원조를 받아 경인 지역을 비롯해 전국 각도에서 후생주택이 건설되었다. 당시 지어진 후생주택은 이른바 재건주택再建住宅이라고도 불렸다. 제주도에서도 마찬가지였다.

이런 근대 주택의 제공은 당시 집 없이 유랑하던 피난민이나 4·3사건 이재민에게는 커다란 희망이었을 것이다. 그러나 물자난이 워낙 심각했기에 주택 건설에 따른 잡음도 상당했다. 1954년 3월 28일자 〈제주신보〉 기사를 보면, 건축 자재를 지방 구호위원회에서 배급했는데, 피난민에게 건축 자재를 배급할 때 2만 원의 보증금과 지방 유지의 보증을 요구했다고 나와 있다. 피난민 입장에서는 불가능한 조건이었던 것이다. 따라서 후생주택에는 대부분 재력을 갖춘 유지들이 입주하는 상황이 벌어지고 말았다. 이는 지금까지도 후생주택에 거주하는 입주자의 증언과 일치한다. 입주자에 따르면 후생주택을 건축할 당시 20년 상환 조건으로

180만 원을 지원받았다고 한다.

　　제주도에 건설된 후생주택에 관한 자세한 기록은 별로 없는
데 1959년 2월 13일자 〈제주신보〉에 이에 관한 내용이 짧게 실려
있다. 기사에 따르면 ICA원조로 약 20호의 주택이 건설되었다고
한다. 제주시 삼도 2동에 남아 있는 후생주택 배치를 보면, 제주의
전통 주택 배치 방식과 달리 일정한 토지를 바둑판 모양으로 구획
한 흔적이 나타난다.

　　한편, 대한주택공사 자료[10]에는 후생주택 규모가 9평이었다
고만 나와 있는데, 삼도동을 답사해보면 후생주택이 9~10호 정도
의 소규모 단지로 구성되었고 9평형과 18평형 두 종류로 건설되었
다는 것을 확인할 수 있다. 그중에서 특히 18평형 평면은 마루를
중심으로 방 세 개와 부엌 하나, 다용도실로 되어 있는데, 특이한

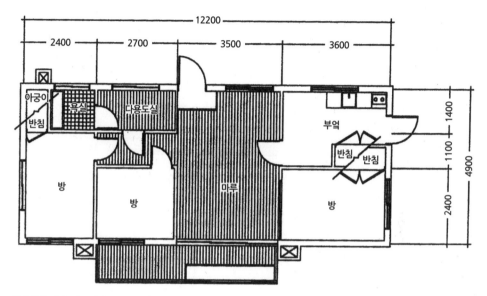

12200

2400　2700　3500　3600

아궁이
반침
욕실
다용도실
방
방
마루
부엌
반침　반침
방

1400
1100
2400
4900

» 후생주택 평면도(18평형).

부분은 주택 내부에 화장실을 두고 그곳을 거쳐 욕실로 들어가는 서구식 평면을 하고 있다는 점이다. 그러나 화장실이 재래식이어서 냄새가 심하게 났기 때문에 주민들은 제주 실정에 맞게 그 공간을 다른 용도로 사용하곤 했다. 건물은 대개 흙을 구워 만든 블록[11]으로 벽체를 쌓았고 그 위에 회를 발라 마감했다.

4·3사건 원주민을 위한 복귀주택

« 1967년 항공사진으로 본 제주시 삼도 2동 후생주택 단지의 배치(위)와 주택 외관(아래).

4·3사건 당시 소개령으로 해안마을이나 4·3성으로 이주한

주민들은 한국전쟁이 끝났는데도 원래 살던 마을로 돌아가지 못했다. 일부는 임시 거처에서 계속 지냈고, 일부는 다른 마을로 이주했다. 상황이 달라진 것은 1961년 쿠데타로 정권을 잡은 군부의 국가재건최고회의가 들어서면서다. 이들이 지역 현황에 관심을 갖기 시작하면서 일부 지역에서는 기존 집을 수리해 입주하는 형태로 원주민의 복귀가 이뤄지기도 했다.[12]

국가재건최고회의는 제주도에 많은 관심을 보였다. 이들은 아름다운 환경을 지닌 제주를 관광 지역으로 육성하고 농축산산업을 활성화시키기 위해 항만과 도로를 확충하려 했다. 이와 함께 4·3사건으로 인한 피해를 복구하는 일에도 지원을 했던 듯하다. 이를 잘 보여주는 매우 흥미 있는 자료가 1960년대 제주개발계획과 관련한 신문 삽화인데, 4·3사건으로 발생한 이재민을 정착시키려는 적극적인 구상을 엿볼 수 있다. 이 삽화에는 이른바 5·16도로라 불리는 제주-서귀포 횡단도로 건설, 해안도로와 항만 구축, 수산센터 건립과 한라산 케이블카 설치, 4·3사건 이재민 정착사업 같은 다양한 개발사업이 묘사되어 있다. 군사정권이 추진한 '원주지 복귀사업'에는 중산간 지역 주민들의 옛 농토에 집을 지어주고 당분간 생활비까지 지원하는 내용도 포함되었다. 소개령으로 장기간 물적·심적 피해를 준 것에 대한 적극적 지원 정책을 편 것이다. 1962년 4월 4일자 〈제주신보〉를 보면 해군 준장 출신인 김영관 제주도지사가 '천호天戶'를 대상으로 원주지 복귀사업을 추진하겠다는 의지를 밝혔는데, 실제로 1962년 11월 13일 제

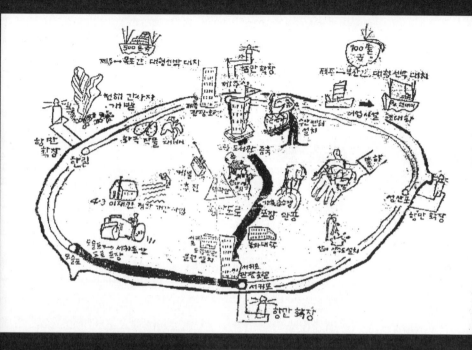

» 〈제주신보〉 1963년 1월 4일자
에 실린 1960년대 제주개발계획
관련 신문 삽화(위)와 김영관 지
사가 주례회견에서 밝힌 원주지
복귀사업 관련 4월 4일자 기사
(아래).

» 원주지 복귀 입주식. "오늘의 이 기쁨 혁명⋯"이라는 문구가 눈에 띈다. 집집마다 태극기와 만국기가 걸려 있는 것을 보면 당시 사회 분위기를 짐작할 수 있다.

주시 한경면 저지리 명이동에서 12세대 43명의 입주식이 거행되기도 했다. 이 행사에 군사정권의 귀빈이 참석했다는 내용이 실린 것으로 봐서 당시 박정희 정권의 의지가 얼마나 강력했는지 짐작할 수 있다.

그러나 김영관 지사가 주례회견에서 밝힌 '천호 복귀사업'이 구체적으로 어느 지역을 대상으로 했는지는 기록으로 남아 있지 않다. 다만 1962년 당시 신문기사(《제주신보》 1962년 6월 10일자와

» 1962년 11월 13일자 〈제주신보〉에 실린 제주시 한경면 저지리 명이동에서 거행된 4·3원주지 복귀사업 입주식 기사.

1963년 1월 18일자 기사)에 실린 1차 사업의 주택건설지 분포를 살펴보면 제주시 중산간 지역에 집중되었다는 것을 알 수 있다. 2차 사업에서는 800호 건설이 목표였는데, 제주시에 190호, 북제주군에 320호, 남제주군에 290호가 배정되었다. 상당수가 제주시 인근지역에 계획되었던 듯하다.

당시 정부의 지원 내용을 보면[13] 주택만이 아니라 농지와 가축, 식량, 농사자금까지 포함되어 있다. 주택은 1호당 2만 5000원(2차 사업에서는 4만 원)을 지원했는데, 당시 도민 1인당 소득이 3만 658원(1965년 기준)이었던 것을 감안하면 무척 파격적이었다. 일부는 이 사업을 두고 '한라산 횡단도로 포장공사'와 더불어 정부가

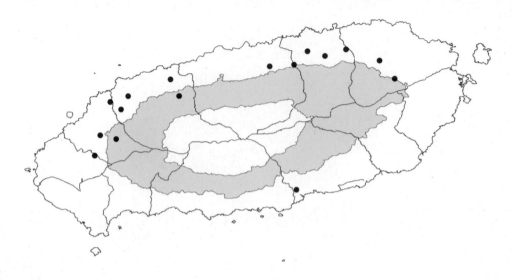

» 1962년 신문기사를 토대로 추측한 복귀주택의 건설지 분포.

보여준 2대 영단이라고까지 표현했다.[14]

　　입주식 사진에 나온 복귀주택과 현재 제주시 일부 지역에 남아 있는 복귀주택을 비교해보면 거의 원형에 가깝게 남아 있다는 것을 알 수 있다. 제주 현무암으로 벽을 쌓고 목조 트러스 구조에 함석지붕을 얹은 형태인데, 지금은 슬레이트지붕으로 개량되어 있다. 내부는 마루를 중심으로 방과 부엌이 배치된 제주 전통 초가 형식을 따랐다. 주택 규모는 대략 9~12평 정도다.

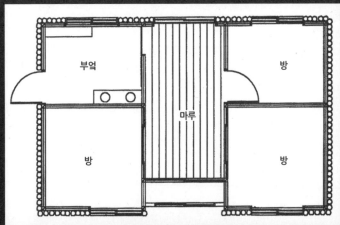

부엌

방

방

마루

방

》 제주시 봉개동에 있는 복귀주
택 외관(위)과 평면도(아래).

이시돌식 주택

이시돌식 주택의 유래와 특징

1960년대는 정치·경제적으로 어렵고 혼란스러웠던 시기였기에 주택 공급을 대부분 공공기관이 주도했다. 그 즈음 개인이 건축하는 주택도 하나 둘 등장하기 시작했는데, 그중 하나가 제주에서 선교활동을 했던 패트릭 J. 맥그린치Patrick James Mcglinchey 신부가 지은 이른바 이시돌식 주택이다. '이시돌식 주택'은 '이시도레[15]식 주택'이라고도 불렸는데, 기본 건축기법은 고대 메소포타미아의 큰 도시 중 하나였던 크테시폰(크테시폰Ctesiphon은 파르티아에 의해 설립된 티그리스의 고대도시로 파르티아와 사산제국 수도였다. 현재 크테시폰 유적은 이라크 바그다드 남쪽 약35킬로미터에 위치한다) 유적에 기반을 두었다. 오늘날 이라크 바그다드 남쪽에 그 유적이 남아 있는데 건축물 사이에 구축된 거대한 아치는 고대 메소포타미아의 찬란한 문화와 우수한 건축술을 보여준다. 이런 배경 때문에 '테쉬폰'이라 불리기도 했고, 삼안기업이 주로 만들었다고 해서 삼안식三安式 주택이라는 별칭이 붙기도 했다(이시돌식 주택이 삼안식 주택, 테쉬폰 주택이라는 말과 혼용되어 불린 데는 몇 가지 사연이 있다. 1964년 2월 대한주택공사가 발간한 간행물 〈주택〉[16]을 보면 프래패브건축양식[조립식]을 소개하면서 유사한 주택양식으로 구로동에 시공 중인 삼안식 주택을 언급했다. 그런데 실제로 이는 이시돌식 주택으로 불리던 '시험주택B형'이었다. 다시 말해 간행물 담당자가 이시돌식 주택과 삼안식 주택을 착각한 듯하다. 이는 삼안식 주택과 이시돌식 주택이 같

» 이라크 바그다드 근처에 위치
한 고대 도시 크테시폰은 대홍수
로 거의 파괴되었지만 6세기에
세워진 왕궁 일부는 남아 있다.

은 방식임을 유추할 수 있는 부분이기도 하다. 또 서울시 수유리에서도 삼안산업
이 시험주택B형을 시공[1963년 9월 23일 착공~1963년 12월 10일 준공]했기 때
문에 이런 혼란을 더욱 부추기지 않았나 싶다. 시기적으로 볼 때 맥그린치 신부가
1963년 5월 20일에 이시돌식 건축 양식에 대한 특허를 얻었으므로[17] 삼안산업
의 시공 시기보다는 이시돌식 주택의 시공 시기가 빨랐다고 하겠다).

　　그러나 한국에서는 이시돌 목장을 중심으로 이 건축물이 자
리 잡은 데다 대한주택공사에서 '이시돌식 주택'이라는 명칭을
사용하면서 '이시돌식 주택'이란 용어가 더 많이 알려졌다.

　　이시돌식 건축은 제임스 월러James Waller에 의해 구체적으로
완성되었다. 제임스 월러는 고대 테쉬폰왕국 유적지를 방문한 적
이 있는데 그때 건물 사이에 설치된 거대한 아치 구조를 보고 영
감을 얻어 초기에 자신이 고안한 개념을 보완해 발전시켰다. 제

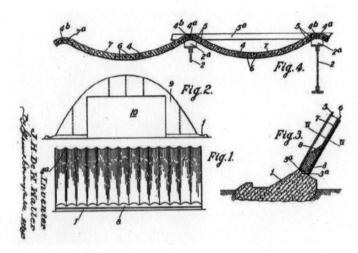

» 제임스 월러가 고안한 이시돌
식 건축시스템의 특허 도면.

임스 월러는 체인을 늘어뜨렸을 때 나오는 자연스러운 곡선 형태를 참고해 폭 6.1미터짜리 아치를 만들었는데, 아치의 최고 높이는 4미터 정도였으며, 약 9.8미터 길이의 곡면 프레임을 짜 넣었다. 아치의 만곡부 정점은 휘어진 부재를 피스로 고정하고 프레임을 91센티미터 간격으로 세운 뒤 터짐 현상을 방지하기 위해 프레임과 삼각형을 이루는 가새(기둥 상부와 하부를 대각선 방향으로 잇는 경사진 형태의 부재로 건축물에 가해지는 수평외력으로 인해 변형되지 않도록 지탱하는 역할을 한다)와 고정했다. 또 1.8미터 높이에 수평대를 세워 아치와 연결함으로써 프레임을 완성했다.[18]

건축물과 구조의 관계에서 볼 때 모든 건축물의 외부 하중과 힘은 지붕, 벽, 바닥으로부터 내부 하중의 지지 메커니즘을 통해 지반으로 전달된다. 따라서 건축 개념과 관련해서 구조를 계획하

» 이시돌식 구조물의 시공 장면. 기본 골격을 세운 뒤 골격 사이에 거푸집을 설치해 콘크리트를 타설하는 방식으로 시공되었는데 거푸집으로는 가마니가 이용되었다.

고 개발하는 일은 형태를 결정하는 요소의 하나가 된다. 아치 구조는 지붕과 벽체가 없는 독특한 모양이다. 따라서 벽체와 지붕이 하나가 된 외벽 곡선에 가해지는 하중을 최소화하는 것이 핵심이다. 곧 아치 폭(L)과 정점 높이(h)의 관계가 중요한데, 아치 폭을 좁히면서 가장 적절한 높이를 찾는 것이 구조체에 하중 부담을 적게 주면서 건물이 튼튼하게 유지될 수 있도록 해주는 포인트다. 이와 같은 특성 때문에 이시돌식 주택의 구조는 물결 모양의 아치가 연

» 제1횡단도로 건설현장. 우측에 이시돌식 주택이 보인다. 사무실 혹은 숙소로 이용된 듯하다.

《 축사용으로 건축된 이시돌식
건축물(위)과 이시돌 목장의 양
돈장 전경(아래). 중앙에 이시돌
식 건축물이 보인다.

속적으로 등장하는 '쉘 지붕 형태'를 취하고 있다. 이시돌식 주택의 장점은 내부에 기둥이 없기 때문에 넓은 평면을 활용할 수 있다는 데 있다.

이와 같은 이시돌식 주택의 장점 때문에 금능리에 있는 이시돌 목장 외에도 선흘리, 아라동을 비롯한 제주 전역에 이시돌식 주택이 보급되었다. 아울러 주택만이 아니라 축사나 사료 공장, 군용 막사, 교회 건물로도 다양하게 이용되었던 듯하다.

대한주택공사가 추진한 시험주택

정부는 국가 재건 차원에서 1962년 대한주택공사를 설치하고(1941년 설립된 조선주택영단과 해방 이후 이름이 바뀐 대한주택영단을 승계), 1963년 공영주택법을 제정했다. 대한주택공사는 이때를 기점으로 본격적으로 주택을 공급하기 시작했다. 당시 대한주택공사는 한정된 자원과 기술을 극복하기 위해 다양한 노력을 기울였는데, 먼저 1962년 저렴한 주택을 대량으로 건설하기 위해 건축자재를 규격화하는 방안을 세우고 조립식 주택을 연구했다. 곧이어 시험주택을 건설했는데, 일종의 간이주택으로 총 여섯 종류였다. 그 여섯 종류 가운데 기둥식 구조 위에 바닥과 벽, 천장을 놓는 기

» 대한주택공사가 보급했던 여섯 종류의 간이주택과 관련한 1963년 10월 22일자 〈경향신문〉 기사.

» 1963년 수유리시험주택단지 전경.

존 건축 형태와 다른 새로운 양식을 집중 소개한 언론 보도는 무척 흥미롭다. 1963년 10월 22일자 〈경향신문〉에는 "새로운 형의 간이주택-조립식, 이시돌식이 그것"이라는 제목의 기사가 실렸다. 기사는 구름다리처럼 생긴 집을 소개하면서 1963년 9월 10일부터 서울시 구로동과 수유리에 착공된 시험주택이라는 점도 밝혀놓았다. 특히 주택 형태와 건축방식이 파격적이라고 언급한 대목이 인상적이다. 곧 주택 각 1000호를 건설하기에 앞서 구로동과 수유리에 시험 삼아 몇 호 정도를 만들어본 것인데,[19] 실제로

» 1963년 11월 22일자 〈동아일
보〉에 실린 대한주택공사의 시험
주택 기사. A형부터 F형까지 여섯
유형을 소개하고 있다.

1963년 조성된 수유리시험주택단지 사진을 보면 이시돌식 주택
양식을 그대로 모방한 건축물이 보인다.

1963년 11월 22일자 〈동아일보〉에는 "주택공사가 지은 여섯
가지 집, 실험주택 이모저모"라는 제목의 기사가 실렸다. 여기서는
여섯 유형의 주택을 A~F형으로 소개했다. 그중 B형 주택을 이른
바 '이시돌형'으로 언급하면서 벽과 지붕의 구별이 없는 외형적 특
징이 환영받지 못할 것 같다는 부정적 의견을 내비쳤다.

이런 내용을 종합적으로 고려해보면 국가 재건과 주택난 해
소를 위해 대한주택공사가 제시한 여섯 유형의 시험주택 가운데

PERSPECTIVE
NO SCALE

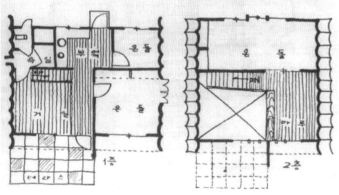

» 대한주택공사의 시험주택B형
의 조감도(위)와 평면도(아래).

B형 주택으로 명명된 테쉬폰 주택은 1960년대부터 제주 이시돌 목장을 중심으로 확산되었던 건축 양식을 거의 그대로 따라했다는 것을 알 수 있다.

대한주택공사가 시험적으로 건설한 B형주택은 각재와 평철을 기본 구조로 삼았는데 합판 대신 삼베나 가마니로 거푸집을 만들어 구조체를 제작했기 때문에 기능공이 없어도 될 만큼 공법이 간단했으며 목재도 절약할 수 있었다. 다만 균열이 쉽게 발생했으며 단열이 잘 되지 않았고, 곡면에 창문을 달기가 애매해 채광이나 환기 면적이 작다는 단점이 있었다.[20]

정부가 간이주택을 대량으로 공급하려 했던 노력에서 볼 수 있듯 당시 주택 사정은 전국적으로 꽤 좋지 않았다. 특히 제주는 그 정도가 심해 파격적 형태의 이시돌식 주택이라도 일단 받아들이려 했는지도 모른다.

이시돌식 주택의 시공 방식

이시돌식 주택은 시멘트나 철근 같은 건축자재가 상당히 부족했던 당시 상황에서 간단한 자재와 건축술로도 빠른 시간 내에 집을 지을 수 있는 최적의 방식이었다. 콘크리트와 시멘트블록만 있으면 되었기 때문이다. 곧 가마니를 거푸집으로 사용함으로써 철근을 쓰지 않고도 콘크리트를 타설해 기본 구조체를 만들 수 있었다.

구조체가 완성되면 개방된 부분은 시멘트블록으로 마감했

» 콘크리트로 타설한 두께 12센
티미터의 기본 구조체. 그 위를 시
멘트몰탈로 마감했다(제주시 한
림읍 금악리).

» 측면과 내부에 사용된 두꺼운 시멘트블록(왼쪽)과 출입구 부분에 사용된 얇은 시멘트블록(오른쪽)(서귀포시 안덕면 동광리).

는데, 여기에는 두 종류의 시멘트블록이 사용되었다. 두께가 있는 블록은 내외부 벽체를 쌓는 데 썼고, 얇은 블록은 출입구 부분에 사용했다.

　　이시돌식 주택이 구조적으로 매우 안정된 건축물이긴 했지만 기둥이 없고 철근이 들어가지 않은 얇은 콘크리트 벽체로 되어 있다는 점 때문에 사람들은 그리 반기지 않았다. 이에 맥그린치 신부가 직접 지붕에 올라가 튼튼함을 보여주었다는 일화도 전해진다.

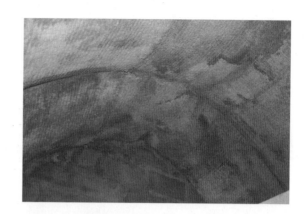

» 이시돌식 주택 천장에 남겨진 가마니 거푸집 흔적(위)(서귀포시 안덕면 동광리).

» 이시돌식 주택의 아치를 시공하는 모습(가운데). 중앙의 검은색 옷을 입은 이가 맥그린치 신부다. 아래 사진은 벽체가 완공되고 앞뒤 면을 블록으로 마감하는 모습이다. 규모로 보아 한 세대용 주택인 듯하다.

이시돌식 주택의 공간적 특징

주택용으로 건축된 이시돌식 구조물의 평면은 매우 단순했는데, 현재 이시돌 목장의 것을 비롯해 제주 전역에 남아 있는 이시돌식 주택의 평면구조를 보면 한 세대용과 두 세대용으로 지어진 것을 알 수 있다. 대한주택공사가 검토했던 시험주택 B형은 건축물의 측면, 곧 단변 방향으로 출입하게 되어 있지만, 제주의 이시돌식 주택은 장변 방향으로 출입하게 되어 있다는 점이 다르다. 아마도 공간 활용 측면에서 단변 방향으로 출입구를 두는 것보다 장변 방향으로 두는 것이 훨씬 나았기 때문일 것이다. 이시돌식 주택은 기술적 측면이나 공간적 측면에서 무척 현대적이고 혁신적인 주택이었기에 입주자 역시 무척 특이한 주택으로 받아들였던 듯하다. 맥그린치 신부 기념사업회가 제공한 당시 사진에는 주택

» 한 세대용 이시돌식 주택 앞에 서 있는 고등학생.

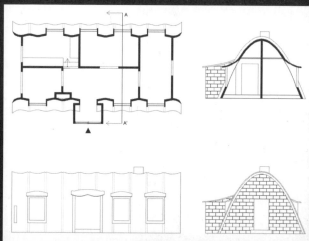

» 한 세대용 주택(이시돌 목장)
전경(위)과 평면도, 단면도, 우측
면도, 정면도(아래, 시계 방향순).

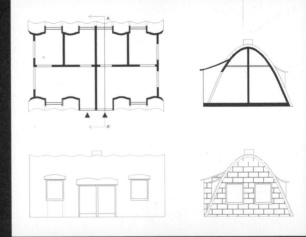

» 두 세대용 주택(이시돌 목장)
전경(위)과 평면도, 단면도, 우측
면도, 정면도(아래, 시계 방향순).

을 배경으로 자랑스러운 듯 서 있는 학생의 모습을 볼 수 있다.

　한 세대용과 두 세대용은 규모는 거의 유사하지만 내부 공간을 달리했다. 또한 현재 남아 있는 이시돌 주택을 조사해보면 주택용이든 우사용이든 거의 유사한 규모다. 물론 일부 사료창고나 축사는 크게 짓기도 했겠지만, 주택의 경우에는 대략 가로 10~12미터, 세로 5미터, 높이 3.5미터 정도의 크기였다. 한 세대용은 방 세 개와 부엌을 두었는데 현관을 중심으로 각 방으로 들어갈 수 있게끔 되어 있고, 두 세대용은 방 한 개와 부엌 그리고 거실 겸 방으로 사용할 수 있는 공간으로 나뉘어 있다.

3부

재건에서 발전으로, 사회 안정기에 구축된 근대건축물

7장

하와이식 발전을 꿈꾼
이승만 대통령과 국립제주목장

이승만 대통령과 국립제주목장의 탄생

　이승만 대통령과 제주는 그다지 좋은 인연을 맺지 못했다. 4·3사건 당시 국정 최고 책임자가 바로 이승만이었기 때문이다. 이승만은 제주에서 수많은 희생이 발생한 데 대한 정치적·도덕적 책임으로부터 결코 자유롭지 못하다. 그럼에도 이승만은 자신에 대한 비판과 비난 그리고 비극적인 사건에 대한 책임을 끝내 외면하고 말았다. 오히려 그 시선에는 아랑곳없이 자신만의 방식으로 제주에 대한 각별한 애정을 드러냈다. 이승만은 목장을 조성하고 싶어 했는데 그 최적의 장소로 제주도를 꼽았다. 목장 조성에 대한 이승만의 구상은 그가 제주를 방문할 때마다 더욱 구체화되었다.

　이승만은 1957년 5월 23일 해군 군함을 이용해 진해에서 제주로 이동했다. 당시 그는 목장 후보지를 시찰한 뒤 도민 환영대회에 참석해서는 제주도를 두고 "하와이는…"이라고 잘못 말하기도 했는데, 이 말실수에서 드러나듯 이승만은 자신이 망명생활을 했던 하와이와 분위기가 비슷한 제주도에 상당한 관심을 보였다. 그

» 제주도청(당시 관덕정 사용) 앞
광장에서 거행된 환영대회에서
연설하는 이승만과 이를 지켜보
는 제6대(1951년 8월 4일~1953
년 11월 22일) 최승만 도지사
(위). 이승만이 세 번째로 제주도
를 방문한 1952년 8월 17일로 추
정된다. 아래 사진에서는 왼쪽 끝
에 최승만 도지사가, 뒤쪽 계단에
이승만 대통령과 당시 미8군 사
령관이자 유엔군 총사령관 밴플
리트가 앉아 있다.

는 앞서 1952년에도 제주도청 준공식에 참석해 "길을 잘 닦기만 한다면 외국인 관광객들이 몰려와서 제주도는 10년 이내로 육지부보다 더 잘 살 수 있는 하와이 같은 관광지가 될 것이다"라고 언급하기도 했다. 이승만은 제주도 개발의 지향점을 하와이에 두고 있었던 것 같다. 그래서 수립된 계획 하나가 '국립제주도송당목장' 건설이었다. 이승만은 1960년 4월 26일 하야하기까지 모두 일곱 차례 제주도를 방문했는데, 그중 네 번이 송당목장 건설과 관련 있을 정도로 목장 사업에 애착을 보였다.

윤곽을 보인 '국립제주목장'의 비전

국립제주도송당목장 건설이 본격적으로 논의되기 시작한 것은 1956년 5월 23일 이승만이 제주도를 방문한 뒤부터였다. 이승만은 미8군 사령관으로 있다가 전역한 뒤 한미재단韓美財團 이사장으로 부임한 제임스 밴플리트 James Alward Van Fleet와 함께 제주도를 방문했고, 도민 환영대회에서 목장 건설 구상을 밝혔다. 이후 1957년 3월 28일 밴플리트 이사장이 미국인 수의사 스틴슨과 함께 사흘간 제주에 머물면서 안덕면 서광리, 한림읍 금악리, 구좌면 송당리를 시찰했고 이 가운데 송당리를 목장 후보지로 잠정 결정했다. 1957년 5월 23일 진해에서 군함을 타고 제주도를 찾은 이승만은 송당리를 직접 둘러보고 목장이 들어설 곳을 최종적으로

» 송당목장 건설을 위해 제주를
방문한 수의사 스틴슨 일행.

» 미국인 수의사 스틴슨(앞줄 왼
쪽)으로부터 송당목장에 대한
설명을 듣는 이승만(앞줄 중앙)
(1957년 5월 23일 전후로 추정).

» 목장 후보지였던 송당리를 시
찰하는 이승만과 제주도지사 길
성운 그리고 스틴슨.

결정하기에 이른다. 이보다 조금 앞서 1957년 4월 15일에는 농림부가 구체적인 계획을 세우고 국립제주도송당목장 건설계획을 발표했다.

국립제주도송당목장 건설의 구체적 내용은 다음과 같다.

- 건설 담당: 육군공병단
- 건설 기간: 1957년 4월 15일~7월 12일(실제 1차 완공은 1957년 10월 31일)
- 건설 비용: 총 사업비 1억 5000만 환
- 목장 규모: 900만 평
- 세부 내용: 목장 도로 15킬로미터, 목책 45킬로미터 설치 축사 105동, 관사 8동(대통령 전용 특호관사 1동, 귀빈용 갑호관사 [20평] 2동, 을호관사[10평] 1동 포함)

국립제주도송당목장 1차 공사는 총 3540만 환이 투입되어 1957년 10월 31일 준공한다. 하루 평균 150명, 연인원 8000여 명이 동원되어 축사 7동, 창고 1동, 특호관사 1동, 을호관사 3동을 건설한 것이다. 목장은 60킬로와트짜리 자가발전시설을 갖추고 구내전화를 두는 등 최신 설비를 구비해놓았다. 또 물을 모아 저수지를 만들었는데 이를 식수로 활용하기도 했다. 매설 수도관 길이가 30리(약 11.8킬로미터)에 이를 정도로 당시로서는 상당히 현대화된 동양 최대의 국립목장이었다. 공사는 동명토건이 낙찰받긴 했

» 1967년 항공사진으로 본 국립제주목장과 특호관사. 사진 위쪽이 목장 시설이고 주진입로 아래쪽 사격형으로 표시된 부분이 특호관사다.

지만 공사 내용이나 성격 등을 고려해보면 육군공병단과 민간건설업체가 협력해 목장을 건설한 것으로 추측된다. 또 당초 수립된 관사 건설계획과 달리 대통령 전용 특호관사 외에 귀빈용 갑호관사는 건설하지 않았다. 대신 을호관사를 한 동에서 세 동으로 늘렸다. 명칭 역시 1957년 11월 9일 '국립제주도송당목장'에서 '국립제주목장'으로 변경했다.

1967년 항공사진을 보면 칡오름과 민오름 사이에 조성된 국립제주목장이 보인다. 또 주도로에서 민오름 방향으로 길을 내고

» 민오름 서쪽 기슭에 조성된 특호관사 초기 모습.

민오름 남서쪽 아래에 특호관사를 건축한 게 보인다.

목장 형태가 갖춰지자 가축들을 들이기 시작했는데, 1957년 9월에는 면양과 산양 148마리가, 12월에는 소 200마리가 들어왔다. 목장 소는 내병성耐病性이 강한 방목용 브라만이 주류였고, 일부 개량 사업용으로 헤리퍼드, 산타, 쇼트혼, 앵거스도 가져왔다. 목장 총 공사비는 1억 5000만 환이었는데, 앞서 이야기했듯 시설 공사비가 3540만 환이었고, 나머지는 대부분 소 구입비로 사용되었으니 무척 많은 소를 구입한 셈이었다.

» 특호관사 외부 전경.

가축을 들이는 데 중요한 역할을 한 사람 역시 한미재단 이사
장이던 밴플리트였다. 그는 퇴역 후 플로리다에서 소규모 목장을
운영하는 등 축산에 관심이 많았다. 이런 연유로 국립제주목장 건
설에 깊이 관여한 것이다.

대통령 전용 특호관사의 특징과 의미

국립제주목장에 건설된 대통령 전용 특호관사는 흔히 '이승

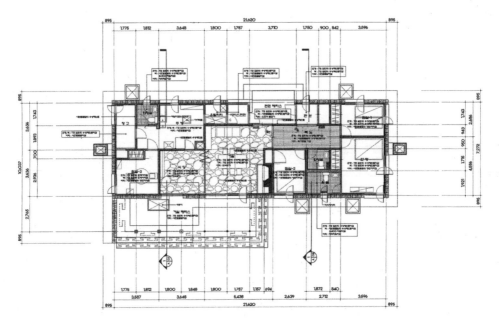

» 특호관사 평면도.

만 대통령 별장'으로 불린다. 일부에서는 귀빈사貴賓舍라 일컫기도
하는데 1957년 4월에 수립된 초기 건설계획에 따르면 대통령 전
용 특호관사, 귀빈용 갑호관사, 을호관사를 짓기로 되어 있어 아마
도 귀빈용 갑호관사와 혼돈한 것이 아닌가 싶다. 실제 귀빈용 갑
호관사는 1차 공사 때는 건설되지 못했고 특호관사와 을호관사만
들어섰다.

　1967년 항공사진을 자세히 살펴보면 특호관사 주변을 나무
로 둘러싸 내부를 마치 정원처럼 꾸민 것을 확인할 수 있다. 나무
에 둘러싸인 관사와 넓게 조성된 목장을 오름 기슭에서 내려다보

면 풍광이 상당히 멋지다. 관사에서는 국립제주목장 운영 상황을 쉽게 파악할 수 있었는데, 아마도 이승만이 꿈꾸던 미래를 실현하기 위한 실험 장소가 아니었나 싶다.

특호관사를 이승만이 실제로 사용한 것은 1957년 12월 6일과 1959년 8월 4일 단 이틀뿐이지만 제주도를 방문할 때마다 공식 행사에서 국립제주목장의 중요성을 언급하고 다른 숙박시설을 마다하고 그곳으로 향한 것을 보면 대단한 애착을 가지고 있었던 것 같다.

특호관사 설계자는 알려져 있지 않지만 목장 후보지 시찰에 밴플리트를 대동했고, 당시 건설자재 확보가 여의치 않았던 점을 고려하면 미8군 공병대에서 설계했을 것으로 추측된다.

실내를 보면 거실에 벽난로가 놓였고, 식당과 부엌이 외부와 직접 연결되는 등 입식 중심의 생활공간으로 계획되었다는 것을 알 수 있다. 또 거실 외부 발코니를 필로티(지상에 기둥이나 벽을 세움으로써 건물 전체나 일부를 지표면에서 띄워 지상층을 개방한 구조)로 처리함으로써 거실-발코니-정원으로 이어지는 서양식 건축 개념도 적용했다.

반면 벽체는 제주 돌을 사용해 제주만의 분위기를 연출했으며, 발코니 바닥이나 외벽 일부, 테라스 바닥에는 작은 돌을 이용해 한국 전통 문양을 새겨 넣었다. 제주 고유의 의장과 한국 전통 의장이 적절히 표현되어 단아하면서도 세련된 느낌을 준다. 벽난로 상부에 소머리를 장식해놓은 것이 재미있는데, 목축산업 활성

» 희囍자 문양이 장식된 벽면(위)
과 자갈을 이용해 전통문양을 넣
은 바닥(아래).

» 소머리 장식이 박힌 벽난로.

화를 위해 설립한 국립목장인 만큼 인테리어에 상당히 신경을 쓴 것으로 보인다.

특호관사는 공간계획이나 입면계획 면에서 건축사적으로 가치 있는 유산이다. 한편으로는 초대 대통령이 사용한 별장이라는 점에서 역사적 의미도 지닌 건축물이다. 지금은 관사 주위로 울창한 숲이 조성되어 1967년 항공사진과는 다른 풍광이 연출되고 있는데, 오히려 이런 풍광이 특호관사의 문화재적 가치를 더욱 돋보이게 하는 듯하다.

8장

제주의 근대공공시설

옛 제주시청사

건축물에 깃든 역사적 의미만 봤을 때는 보존하는 것이 마땅하지만 경제적 효용성이 떨어진다는 이유로 철거된 건축 유산들이 한국에는 꽤 많다. 옛 제주시청사도 그중 하나다.

제주읍은 1955년 9월 1일을 기해 시로 승격했다. 이에 제주시는 1958년 6월 8일 청사 신축을 결정하고 건축가 박진후에게 설계를 의뢰한다. 이듬해인 1959년 10월 16일 준공된 신청사는 1980년 초까지 20여 년간 그 역할을 충실히 수행한다. 시청사로서 20여 년밖에 기능하지 못한 것은 1980년 3월 12일 제주시의 행정이 도청사 자리로 이전된 탓이다. 이후 건물은 개인에게 매각되어 한동안 상점과 사무실로 사용되면서 명맥을 이어가지만 효용 가치가 떨어지면서 결국 철거되는 운명을 맞는다.

옛 제주시청사는 두 가지 측면에서 주목할 만하다. 첫째는 제주 최초의 시멘트 벽돌조 건축물이라는 점이고, 둘째는 건축물이 들어섰던 부지와 그 주변 지역이 조선시대에는 관아가 위치했고,

» 제주시청사로 사용될 당시 모습.

일제강점기에는 세무서와 경찰서 같은 침탈을 목적으로 한 건축물이 자리 잡은 장소였다는 점이다.

옛 제주시청사는 중앙에 출입구를 두고 좌우 대칭 형식을 갖춘 전형적인 근대건축물이었다. 조적조 특성상 옆으로 긴 창을 만들 수 없어 수직창을 두었는데 이것이 굉장히 모던한 분위기를 자아냈다. 중앙 출입구를 통해 건물 안으로 들어서면 작은 홀을 중심으로 사무공간이 좌우로 배치되었고, 가운데에는 2층으로 올라갈 수 있는 계단이 놓였는데, 계단 중간에 설치된 창문과 오픈된 공간의 분위기가 무척 인상적이었다. 그 계단을 타고 2층에 오

» 내부 홀과 중앙계단.

르면 1층과 마찬가지로 복도를 따라 작은 사무공간이 여러 개 배치되어 있었다. 지붕은 목조 트러스 구조의 모임지붕(추녀마루로만 구성되고 용마루 없이 하나의 꼭짓점에서 지붕골이 만나는 형태)이었다.

앞서 말했듯 이 건물은 민간에게 불하된 뒤 오랜 기간 상업공간으로 사용되다가 관리의 어려움으로 2012년 12월 철거되었고, 지금 그 자리는 주차장으로 사용되고 있다. 근대건축물이 맞이하는 최악의 시나리오를 그대로 따른 셈이다. 아쉬움이 남을 수밖에 없다.

» 2층 복도를 따라 배치된 사무
공간.

» 철거 이전의 모습(위)과 철거
당시 모습(아래).

옛 제주도청사(현 제주시청사)

    제주도청사는 한국전쟁이 한창이던 1952년 2월 18일 착공되었다. 전쟁이 한창이던 시기에 도청사를 착공한 것이 좀 의아할 수 있는데 사실 배경이 있다. 표면적으로는 당시 제주도가 도청 건물 없이 관덕정에 칸막이를 치고 불편하게 업무를 봤기에 신축이 추진된 것이지만, 실질적으로는 부산까지 북한군에게 내줄 경우 임시 정부청사로 사용하려는 계획이 있었던 것이다. 설계는 당시 전라남도청 공무원이던 주명록이 맡았다. 공사는 빠르게 진행돼 착공 일 년여 만인 1952년 12월 16일에 준공되었다. 준공식에 이승만 대통령 부부를 비롯해 밴플리트 미8군 사령관, 백선엽 육군참

» 옛 제주도청사 전경.

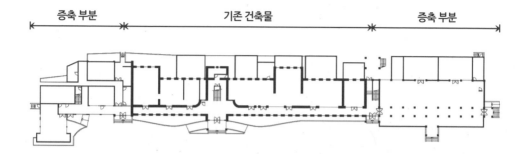

증축 부분　　　　　기존 건축물　　　　　증축 부분

» 제주도청사 1층 평면도. 적벽돌 조적조의 구조적 특징상 기본 형태가 크게 변형되지 않았다.

» 옛 제주도청사의 현재 모습. 개축으로 지붕의 돌출창이 없어지긴 했지만 거의 원형을 유지하고 있다.

모총장이 참석할 정도로 당시 제주도청사는 상징적인 공공건축물이었다. 제주도청사는 한국 고유의 기와지붕을 얹은 근대식 슬라브 건축물로 건물 주출입구 돌출 부분의 처마 끝을 코니스cornice로 장식하는 등 간결하면서도 세련된 아름다움을 선사하고자 했다. 이 건물은 공공건물의 위엄과 권위, 질서, 강직성을 표현하기 위

해 노력한 흔적이 역력하다. 원래는 채광과 통풍을 고려해 지붕에 다락 창을 두었지만 개수공사를 하면서 없애 지금은 볼 수 없다.

적벽돌 조적조로 건축된 옛 제주도청사는 좌우로 증축되면서 대칭감이나 비례감은 많이 사라졌지만, 중앙 출입구에 포치(건물 현관 또는 출입구 바깥쪽에 튀어나와 지붕으로 덮인 부분)를 두고 좌우를 대칭으로 구성하면서 별도의 출입구를 둔 전형적인 근대건축물 형태다. 특히 포치 부분의 디자인이나 입면 처리, 지붕 모양이 상당히 세련되어 보인다. 현재 제주시청사로 사용되고 있는 이 건물은 1950년대 건축 당시의 모습을 그대로 간직하고 있다는 점에서 보존 가치가 무척 높다고 하겠다.

» 중앙 출입구의 포치.

옛 대정면사무소

대정면사무소는 원래 대정면 안성리에 위치했으나 일제강점기인 1934년 모슬포항 개발이 추진되고 경제권이 모슬포로 옮겨가면서 지금의 대정읍 하모리로 이전했다. 지금의 건축물은 1955년 8월 5일 준공되었다. 그다지 큰 규모는 아니지만 당시 건축 양식과 시대 상황을 엿보게 해준다는 점에서 중요성을 가진다. 이 때문에 2005년 4월 등록문화재 제157호로 지정되었다. 옛 대정면사무소 건물은 1980년 8월 1일까지 면사무소로 사용되다가 1983년 개보수를 거치면서 서부보건소 대정지소로 활용되기

» 옛 대정면사무소 전경.

도 했다. 그러나 이후 오랫동안 방치되었고, 지금은 대정현 역사자료전시관으로 역할을 하고 있다. 제주 현무암을 일정한 크기로 다듬어 바른층쌓기 형식으로 축조되었는데, 바른층쌓기의 시각적 불안정성을 해소하기 위해 외벽 모서리는 상부로 갈수록 약간 안쪽으로 기울여 쌓은 것이 인상적이다. 이런 형식의 조적조는 창 모양새를 내기가 상당히 제한적인데, 대정면사무소는 수직으로 긴 창을 설치하고 창 위로 힘을 받아주는 인방引枋을 둠으로써 시각적으로 매우 안정감 있는 느낌을 준다. 건물이 작은데도 불구하고

» 조적조의 구조적 특성상 수직
으로 길게 디자인된 창과 인방.

제주 현무암이 자아내는 어두운 색 때문인지 중후한 분위기를 풍긴다. 내부는 중앙홀을 중심으로 복도를 따라 공간이 구성되어 있고, 오른쪽에 계단을 놓아 공간 활용을 극대화했다. 이 건물 역시 정면 포치를 중심으로 좌우 대칭 형식을 취한 전형적인 근대건축물이다.

경성제국대학 부속 생약연구소 제주지소

제주대학교 아열대 농업생명과학연구소 건물은 일명 석주명연구소로 불린다. 나비박사로 알려진 석주명 박사가 약 2년간 제주에 머물면서 연구 활동을 펼친 곳이기 때문이다. 석주명은 1908년 평양에서 태어났는데 부유한 사업가인 아버지의 영향을 받아 어릴 때부터 민족의식이 높고 학문 욕구가 강했다고 한다. 1921년에는 숭실고등보통학교에 입학했는데 동맹휴학 문제로 개성에 있는 송도고등보통학교로 전학했다가 다시 경상북도의 대구 고등농림학교로 적을 옮겼다. 1927년 졸업한 석주명은 일본 최고의 농업전문학교로 평가받는 가고시마 고등농림학교에서 수학하며 지도교수의 조언으로 나비 연구에 몰두했고 1931년 전문학사 학위를 수여받는다. 조선으로 와서는 송도중학교에서 생물교사로 근무하면서 본격적으로 한반도의 나비를 연구한다. 1942년부

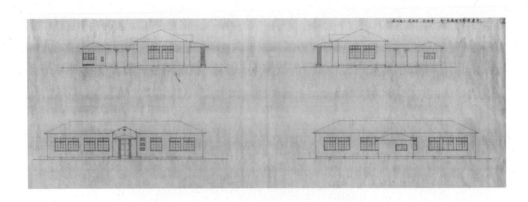

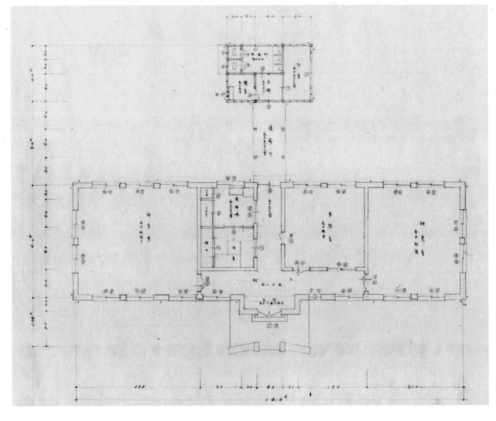

터는 경성제국대학 미생물학과 소속인 개성 생약연구소에서 촉탁연구원으로 근무했는데 일제 패망의 기색이 짙어가던 1943년 경성제국대학 생약연구소 제주지소로 자청해 자리를 옮긴다. 1943년 4월부터 1945년 5월까지 2년 동안 생약연구소 제주지소에서 일한 석주명은 생약연구소를 기반으로 다양하고 활발한 활동을 펼쳤고, 그 결과 제주의 나비, 언어와 문화 그리고 인구학까지 폭넓은 연구 성과를 올린다. 석주명은 제주에 머물면서《제주도 방언집》《제주도 생명조사서》《제주도 관계문헌집》《제주도 수필》《제주도 곤충상》《제주도 자료집》등 총 여섯 권의 제주 관련 총서를 발간해 제주학 연구의 선구자로 평가받는다.

그러나 서울로 거처를 옮긴 뒤 맞이한 한국전쟁은 석주명의 운명을 크게 바꾼다. 그가 일생을 바쳐 수집한 나비 표본이 보관된 서울과학관이 포격으로 사라졌고, 석주명 역시 1950년 10월 6일 조선인민군으로 오인받아 총격으로 사망하게 되는데, 당시 41세의 젊은 나이였다.

국가기록원 자료(일제강점기 건축도면 컬렉션)를 살펴보면, 제주대학교 아열대 농업생명과학연구소는 일제강점기 경성제국대학 부속 생약연구소 제주지소로서 1940년대에 건축된 것으로 추정된다. 생약연구소는 석주명이 활동했던 주요 공간이자 제주학의 기반을 다진 장소로서 무척 기념비적인 곳이라 할 수 있다. 이 건물은 해방 뒤부터 제주대학교 농과대학 부속시설로 사용되고 있다. 세월이 흐르면서 약간의 개보수를 거치긴 했지만 일제강점기 건

《 경성제국대학 부속 생약연구소 제주지소 건축 당시의 입면도(위)와 평면도(아래).

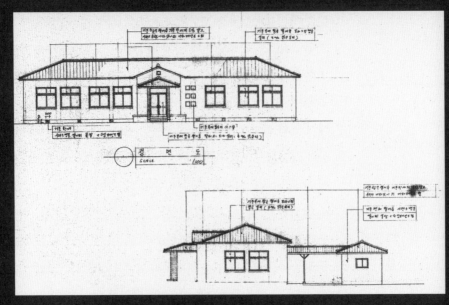

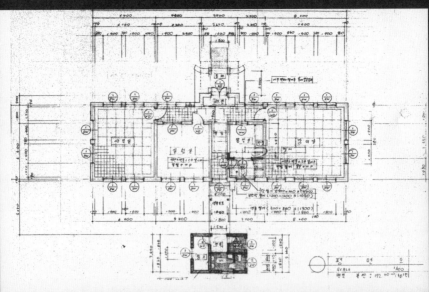

축 양식이 비교적 원형 그대로 남아 있는 상태다.

국가기록원에서 제공한 건축 당시 도면과 비교해봐도 공간 구조가 동일하다는 것을 확인할 수 있다(창문 틀이 일부 변경되었다). 건축물은 박공지붕을 가진 중앙 출입구를 중심으로 좌우 대칭 구조인데, 중앙 출입구로 진입할 수 있도록 측면으로 길을 두었다. 특이한 부분은 건물 뒤쪽으로 화장실을 배치한 것이다.

작은 건축물이라 입면은 화려하지 않지만 정돈된 형태의 큰 창과 장식이 가미된 작은 창 그리고 중앙 출입구 기둥의 세밀한 꾸밈이 잘 정돈된 느낌을 준다. 건물 뒤쪽 온실 역시 원형에 가깝게 보존되어 있다.

때늦은 감은 있지만 석주명 선생의 업적을 기리기 위해 서귀포문화사업회에서 석주명선생기념사업을 추진하고 있다. 이를 계기로 서귀포시는 제주학의 기초를 닦은 석주명을 새롭게 평가하고, 연구 활동의 거점이던 건물을 보존해 석주명기념공간으로 조성하기 위한 사업을 진행하고 있다.

《 제주대학교 아열대 농업생명과
학연구소 정면도와 우측면도(위,
보수도면) 그리고 평면도(아래).

《 당시 모습이 그대로 남아 있는
중앙 출입구 지붕과 기둥(위) 그
리고 다양한 크기의 창문들(아
래).
》 건축물 뒤쪽의 온실 외부(위)
와 내부(아래).

9장

대형 문화공간의 등장

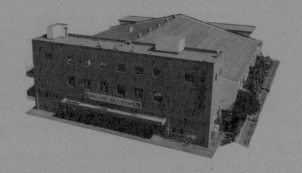

제주도민을 위한 문화공간의 탄생

옛 현대극장

옛 현대극장은 1940년대 초 가설극장으로 처음 문을 열었다. 그러다 1943년 일본인 하기모토 구라萩元駒藏가 연극·영화를 비롯한 다양한 문화예술 사업을 위해 조일구락부朝日俱樂部('구락부'는 클럽이라는 의미의 일본식 영어표현이다)라는 이름을 붙여 개관했다. 1943년 개장 초기에는 의자 없이 가마니를 깔아 공연을 관람할 수 있게 했는데, 유랑극단이나 악극단, 연극단이 주로 무대를 꾸몄고, 가끔 학교 예술제 장소로도 이용되었다. 해방 뒤에는 이승만 정권의 출범과 함께 좌익 진영이 연대조직을 꾸리는 과정에서 사용하기도 했다. 1947년 2월 23일 '제주도 민주주의 민족전선'이라는 정치집단이 결성되었는데 그 모임 장소가 조일구락부였던 것이다. 이후 '조선민주청년동맹'도 조일구락부에서 창립대회를 열었고,[1] 1947년 11월 2일에는 4·3사건 당시 악명 높았던 '서북청년회 제주지부'도 이곳에서 결성대회를 가졌다고 한다.[2] 당시로서는 가장 번화한 장소에 위치했고, 공간도 비교적 넓었기에 집회 장소로 적격이었던 셈이다. 이른바 옛 현대극장은 좌우 정치세력이 집결하는 주요 공간이었던 것이다.

1948년 10월 17일에는 좌석 375석, 입석 100석(총 475석) 규모로 시설을 정비하고 제주극장이라는 이름으로 새롭게 출발했다. 기존 가설 건물에서 벗어나 극장답게 건축물을 올려 운영하기 시작한 것이다. 한국전쟁이 끝난 직후인 1953년 12월에는 영화전용관으로 다시 용도가 바뀌었다가 1970년대에 이르러 '현대극장'이라는 명칭을 사용하게 된다.

제주도민에게 옛 현대극장은 인생사의 고달픔을 잠시나마 잊게 해주었던 중요한 문화공간이었다. 그러나 경영난을 겪으면서 운영이 어려워졌고, 결국 1987년 1월 30일 제주도의 첫 공연장이자 변사辯士가 구수하게 설명을 곁들였던 무성영화 시대의 마지막 극장이었던 옛 현대극장은 개장 43년 만에 문을 닫는다.

지금 남아 있는 건물은 1970년대 현대극장으로 이름을 바꾸면서 건축한 것으로 추정되는데 안전문제로 창고로만 사용되고 있다. 내부를 살펴보면 난간이나 객석 부분이 옛 모습을 그대로 간직하고 있다는 걸 확인할 수 있다. 화려한 극장이었다는 것을 말해주듯 정문 왼쪽에는 매표소가 아직 자리를 지키고 있다.

옛 현대극장은 크게 두 공간으로 나뉘는데, 1층에는 매표소와 사무 공간이, 2층에는 영사실과 객석이 들어서 있다. 매표소와 사무 공간 그리고 영사실은 평지붕(지붕의 물매가 거의 없는 평탄한 지

» 옛 현대극장 전경(위)과 2층의
계단식 객석(아래). 지금은 객석 앞
부분을 막아 창고로 사용 중이다.

» 음향을 위해 꾸며진 2층 벽면
(위)과 매표소의 창틀 장식(아
래).

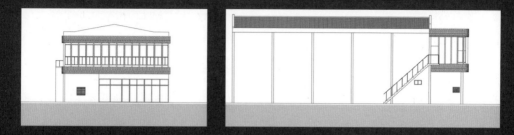

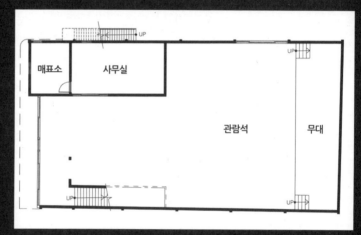

| 매표소 | 사무실 | | |
| 관람석 | 무대 |

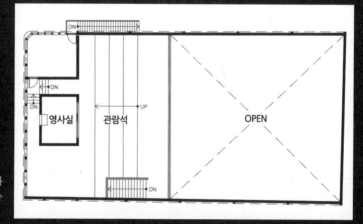

| 영사실 | 관람석 | OPEN |

» 옛 현대극장 정면도(왼쪽 위)와
좌측면도(오른쪽 위) 그리고 1층
(가운데)과 2층(아래) 평면도.

봉) 형태로서 건물 전면부에 배치되었고, 그 뒤 객석 부분은 목조 트러스로 된 경사지붕(지붕의 두 면이 八자형으로 된 형태)으로 처리되었는데, 입면은 객석 기능상 폐쇄적이고 단순한 형태다.

제주 최초의 현대식 문화공간이자 이념 대립의 장으로 이용되기도 했던 역사를 가진 만큼 그에 걸맞은 보존과 복원이 하루 빨리 이뤄져야 할 것이다.

옛 서귀포관광극장

1963년 10월 8일 서귀읍에는 700만 원을 출자하는 형식으로 서귀포관광극장이 개관되었다.[3] 서귀포관광극장 역시 현대극장처럼 서귀포 시민들에게 문화공간으로서 중요한 역할을 담당했다. 1999년 극장으로서 역할을 다하고 폐쇄되면서 한동안 방치되었는데 다행스럽게도 '이중섭 문화예술의 거리 사업'이 정착되면서 서귀포관광극장의 문화적 활용 가능성이 검토되어 2015년 4월 문화예술 공연장으로 새롭게 문을 열었다.

옛 현대극장과 마찬가지로 공간은 크게 두 영역으로 구분된다. 영사실과 사무공간이 배치된 영역과 객석 영역이다. 1층과 2층은 각각 다른 스타일로 디자인되었는데, 1층은 중앙 부분을 안쪽으로 약간 들여놓아 좌우 사무공간과 매표공간이 두드러져 보이게 했고, 2층은 바다를 향해 열려 있는 듯한 연속적인 창을 두어 1층과 대비를 이루게 했다. 또 건물 정면이 서쪽을 향하고 있는데 이는 강한 햇빛이 내부로 들어오는 것을 차단하면서 바다 풍

» 이중섭 거리에 위치한 옛 서귀
포관광극장의 모습(위). 개관 당
시 사진(가운데)을 보면 2층 유리
창이 서향으로 되어 있는데, 이후
비스듬한 창으로 개조된 것 같다.
지금은 지붕 없는 공연장으로 활
용되고 있다(아래).

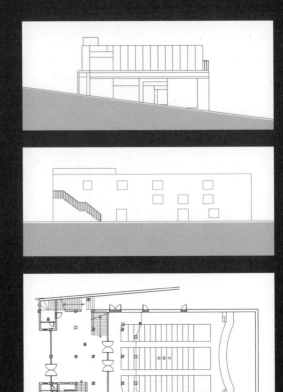

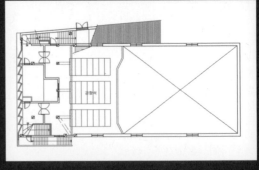

» 옛 서귀포관광극장 정면도(위)
와 우측면도(가운데 위) 그리고 1
층(가운데 아래)과 2층(아래) 평
면도.

경을 끌어오려는 의도로 보인다. 원래 객석 벽체는 제주석과 시멘트몰탈로 마감하고 지붕은 목조 트러스 구조로 올렸는데, 지금은 지붕이 철거되어 하늘이 보이는 개방된 공간으로 바뀌었다. 물론 지붕만 없을 뿐 벽체와 객석은 원형 그대로 남아 있어 옛 분위기가 물씬 풍긴다. 지붕이 없다는 점이 오히려 특색이 되고 있는데 야간 공연에서는 무척 색다른 재미를 준다.

철골구조물의 등장

제주시민회관

1964년 건축된 제주시민회관은 한국 대표 건축가인 김태식이 설계했다. 문화시설을 건립할 여력이 없었던 당시 제주 상황에서는 상당히 큰 규모의 시설이었을 것이다. 1967년 항공사진을 보면 주변 건축물과 비교될 만큼 그 규모와 형태가 웅장하다.

제주시민회관 로비에 새겨진 정초定礎에는 1963년 7월 22일 착공해 1964년 6월 30일 준공된 것으로 기록되어 있는데, 여기서 특기할 만한 것은 설계자와 감독자가 모두 서울특별시로 표기되어 있다는 점이다. 아마도 서울시의 재정 지원 아래 공사가 진행되었던 듯하다. 또 공사감독자가 두 명이었던 것을 보면 당시로서는 무척 큰 공사였다는 것을 짐작할 수 있다.

제주시민회관은 정면과 후면이 모두 평지붕으로 된 라멘구조

» 개관 후 3년 뒤인 1967년 항공사진.

(수직으로 힘을 받는 기둥과 수평으로 힘을 받는 보가 강하게 결합된 구조)이고, 주요 행사가 열렸던 중앙 부분은 철골조의 경사지붕으로 마무리되었다. 건축물의 기본 구성은 무대와 객석 그리고 중앙의 경기장으로 되어 있다. 다목적 문화시설이었던 것이다.

제주시민회관은 제주 최초의 철골조 건축물이라는 점에서 의미가 있다. 지금은 철골조가 일반적으로 사용되지만 건축 예산과 기술력이 부족해 벽돌이나 변변찮은 콘크리트로 건물을 올려야 했던 50여 년 전에는 무척 혁신적인 공법이었다.

제주시민회관의 특징이라면 지붕의 주요 부분을 철골 트러스

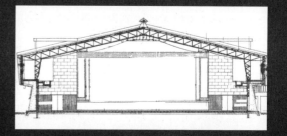

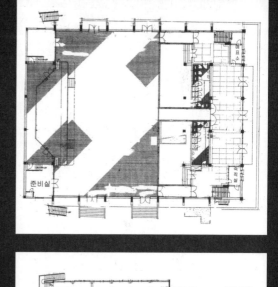

» 제주시민회관 단면도(위)와 1
층(가운데), 2층(아래 왼쪽) 그리
고 3층(아래 오른쪽) 평면도. 단
면도에 지붕 철골구조가 잘 나타
나 있다

로 처리해 무대와 객석, 경기장이 요구하는 넓은 공간을 확보한 것이다. 지붕이 철골조의 경사지붕으로 만들어진 것과 달리 건물 전면은 강한 느낌을 주도록 대칭 구조로 설계했다는 점이 흥미롭다. 단순한 형태의 이 부분은 사무공간으로 계획되었다.

안타까운 것은 수년 전부터 제주시민회관에 대한 철거 목소리가 나오고 있다는 점이다. 오랫동안 제주도민을 위한 문화공간으로 기능해왔던 회관은 공공적 가치를 넘어 건축물 자체에 역사성이 담겨 있다. 따라서 신중하게 판단해 보존할 수 있는 방향으로 나아가야 할 것이다.

대형 복합건축의 등장, 동문시장과 동양극장

1954년 3월 13일 제주시 동문통시장에 큰 화재가 발생해 건물 112동이 소실되는 큰 피해를 안겼다. 이 참사를 계기로 새로운 시장을 건축해야 한다는 필요성이 제기되면서 사업은 적극 추진되었다. 제주의 주요 상가지역에 들어설 대표 상업건축물의 설계를 맡은 건축가는 김한섭이었다. 동문시장과 동양극장은 1962년 설계를 마치고 1963년에 시공에 들어갔는데, 규모 면에서 당시로서는 굉장히 큰 공공건축물이었다. 그뿐 아니라 기능 면에서도 시장과 극장을 하나로 연결시킨 제주 최초의 복합문화공간이었다. 현대화된 시장 구조도 인상적이었지만, 극장문화가 보편화되어 있던 시대가 아니었기에 35밀리미터 신식 영사기 두 대를 설치하

《 제주시민회관 개관 당시 현판식 모습(위)과 현재 모습(아래).

» 동문시장과 동양극장 출입구 위에 설치된 동판.

고 789석 규모의 객석을 갖춘 동양극장의 개관은 지역사회에 신선한 충격을 주었다.

동문시장과 동양극장이 건축될 당시 지역사회의 관심이 어느 정도였는지 보여주는 흔적이 있는데, 바로 주출입구 위에 설치된 작은 동판이다. 이 동판에는 "1963년 12월 1일 착공, 1965년 1월 31일 준공"이라는 문구와 함께 "해군 소장 김영관金榮寬"이라는 이름이 적혀 있다. 김영관은 군사혁명위원회의 명으로 36세의 나이에 해군 준장으로서 제12대 제주도지사 자리에 오른 인물이다 (1961년 5월 21일~1963년 12월 16일까지 재직). 제주도지사를 그만두기 2주 전에 착공한 동문시장과 동양극장은 상당히 큰 사업이었기에 건축 초기부터 큰 관심을 보였던 김영관이 준공 즈음 동판을 기증한 것으로 보인다. "전 제주도지사 김영관"이라 쓰지 않고 "해군 소장 김영관"이라 쓴 것을 보면 당시 군사정권의 위세가 어느 정도였는지 짐작게 해준다.

김영관은 비록 현역 군인 신분이었지만 제주도에서 근무하는 동안 제주 발전의 근간이 되었던 제주-서귀포 횡단도로(일명

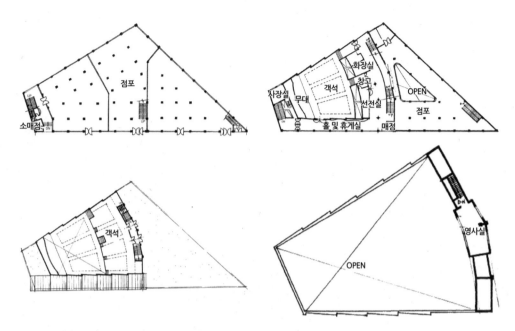

» 동문시장과 동양극장의 1층(왼쪽 위), 2층(오른쪽 위), 3층(왼쪽 아래), 옥탑층(오른쪽 아래) 평면도.

5·16도로)를 개설하고, 중산간 지역까지 간이 상수도를 연결하는 등 사회기반시설을 구축하는 일에 앞장선 인물로 평가받는다.

　동문시장과 동양극장이 갖는 건축적 특징은 크게 장소적 측면과 형태적 측면에서 살펴볼 수 있다. 장소적 측면에서 보자면 옛 산지천의 추억을 강하게 표현하고 있는 듯하다. 과거 산지천을 따라 건축물이 들어선 부지 근처까지 선박들이 드나들었는데, 이 기억을 건축물에 담아두려는 건축가의 의지가 엿보인다. 형태적 측면에서 보자면 건축물은 마치 돛대를 높이 세우고 힘차게 항해하는 배를 연상시킨다. 계단실이 있는 삼각형 모서리 부분은 물살을

» 동문시장과 동양극장 전경.

헤치는 뱃머리와 비슷한데, 실제로 이곳에 설치된 창문이 선박 창문처럼 둥근 모양을 하고 있다. 극장 출입구 상부의 원호형 아치는 파도를 떠올리게 하고, 천막을 쳐놓은 것처럼 돌출된 객석 부분은 마치 바람을 받는 돛대 같다. 또 상부 영사실은 노련한 선장이 키를 잡고 먼 바다를 응시하는 조타실을 구현해놓은 듯하다.

이처럼 각기 용도에 맞게 디자인된 건축물은 입체감이 극대화되어 있다. 장소에 대한 건축가 김한섭의 은유적 표현이 건축물에 대한 세련미를 더하는 것만 같다.

회관건축의 등장

보훈회관

1970년에 건축된 보훈회관은 제주 지역 2세대 건축가인 이 공선이 설계했다. 두 면이 도로에 접해 있는 부지에서 건물 모서리를 둥글게 처리해 안정감 있으면서도 상대적으로 거대한 느낌을 준다. 마치 김중업이 1956년 설계한 부산대학교 옛 본관과 유사한 기법이다. 또한 제주 출신의 건축가 김한섭의 영향도 적지 않았을 것으로 보이는데, 건축가 김한섭이 일본 유학 당시 접했던 근대건축의 성향, 특히 르코르뷔지에의 '근대건축 5원칙'(자유로운 입면, 평면, 연속적인 창, 옥상정원, 필로티)을 응용한 기법이 곳곳에 보인다. 이를테면 1층에서 기둥을 노출시키면서도 엄격하게 본다면 필로티를 연상케 한 부분, 2층과 3층의 연속적으로 길게 디자인된 창, 3면이 각기 다른 입면을 유지하고 있다는 점이 그렇다. 물론 전면을 유리로 덮은 부산대학교 옛 본관과 달리 보훈회관은 수평으로 연속해 창을 둠으로써 나름의 개성을 표현해냈다. 그와 함께 단조로움을 피하기 위해 출입구 부분을 수직 형태로 강조한 것이나, 출입구 계단 부분의 창을 여럿으로 나누어 대칭성을 드러낸 것은 이 건물만의 매력이라 하겠다.

옛 제주도여성회관

옛 제주도여성회관은 1969년 10월 13일 개관했다. 당시 공사

비 642만 원을 들여 직업보도실, 강당, 예식당, 도서실, 미용실, 어린이실, 사무실 등을 꾸민 이른바 종합회관이었다. 준공식에는 당시 박정희 대통령의 부인인 육영수 여사가 직접 참석해 피아노 한 대와 도서 60권을 기증했다고 한다. 지금도 원형이 잘 보존된 이 건물은 제주의 2세대 건축가인 강은홍이 1969년 설계했다. 강은홍은 광주를 중심으로 활동하던 제주 출신 건축가 김한섭의 영향을 받은 것으로 알려졌는데, 마찬가지로 르코르뷔지에 풍의 건축적 요소가 그의 작품에서 두드러진다.

건축물은 두 도로가 만나는 모서리에 위치했는데, 1층과 2층은 직선적인 요소로, 3층은 곡면으로 처리한 것이 특징이다. 아울러 1층과 2층은 기둥을 노출시키고, 3층은 곡면 부분에 돌출된 형태의 가늘고 긴 창을 포인트로 두어 간결하면서도 강한 이미지를 연출해냈다. 도로에 접해 있는 건물의 두 면을 단순하면서도 서로 다른 느낌으로 구성한 것이 재미있다. 이 부분에 연속적인 창을 둔 것은 르코르뷔지에의 '근대건축 5원칙'을 충실히 따르려는 의도가 아니었을까 싶다. 옥상 상층부에 경사진 형태의 구조물을 설치한 것은 단조로움을 피하기 위한 의도로 보인다. 현재 이 건물은 제주시청 별관으로 사용되고 있다.

《 보훈회관의 옛 모습(위)과 현재 모습(아래).

《 제주도여성회관의 옛 모습(위)
과 현재 모습(아래).

» 제주도여성회관 개관식 모습.

4부

근대건축가와 제주

10장

해방 이후 최초로
건축설계사무소를 개설한 김태식

'최초'라는 수식어가 따라다니는 건축가 김태식

한국 근대건축가들은 해방 직후인 1945년 8월 17일 전국공업기술협의회 창립을 시작으로 독립적인 활동에 나선다. 1945년 8월 25일에는 건축협의회가 결성되었고, 9월 1일에는 조선건축기술단이, 같은 해 12월에는 조선건축사회가 창립되었다. 해방 원년을 맞아 그동안 숨죽여 지내던 건축가들이 활발하게 조직을 결성하고 건축 활동에 나선 것이다. 당시 건축계를 주도했던 부류는 일제강점기에 전문 건축 교육을 받은 이들이었다. 국내에서는 경성고등공업학교 건축학과 출신들이, 국외에서는 일본으로 유학해 체계적으로 건축 교육을 받은 이들이 주류였다. 경성고등공업학교(경성공업전습소[1907년]→경성공업전문학교[1916년]→경성고등공업학교[1922년]로 변경) 건축학과를 졸업한 건축가로서 한국 건축계를 이끌었던 인물로는 박길용, 유상하, 이천승, 김희춘, 장기인 등이 있다. 유학파 중에서는 김한섭, 김태식 등이 있는데 이들은 일본대학

고등공업학교 건축과 출신이었다. 고등공업학교는 기술자를 양성하는 전문기술학교를 말한다. 조선총독부가 운영하는 경성고등공업학교가 1940년대까지 국내 유일의 관립 전문기술학교였다면, 일본대학 고등공업학교는 이른바 민간 전문기술학교였다.

일제강점기에 건축 교육을 받은 인물들은 주로 서울을 중심으로 왕성한 활동을 펼쳤다. 이들은 일제강점기 후반으로 갈수록 활동 범위를 넓히는데 제주에까지 그 영향을 미쳤다. 건축가 김태식이 대표 인물이다. 김태식은 1935년 경성제일고등보통학교를 졸업하고 1941년 일본대학 고등공업학교 건축과를 졸업했다. 귀국 후에는 조선총독부 철도국 기수技手로 들어갔고, 해방 직후인 1945년 10월에는 김태식설계사무소를 개설해 활동을 이어간다. 일제강점기에 개소한 박길용건축사무소, 박인준건축사무소를 제외하면 해방 이후 한국인이 세운 최초의 건축사무소였다. 이후 그

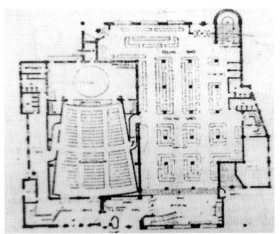
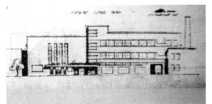
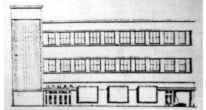

» 서울만물전에 출품해 1등으로 당선된 김태식의 도면.

는 1945년 12월 건축가 김윤기, 유상하와 함께 조선건축사회를 창
립하고 회장에 취임하는 등 제도권 내에서 본격적으로 활동에 나
선다. 특히 1947년 10월 2일 열린 '극장 겸용 백화점'을 주제로 한
최초의 민간 주도 현상설계공모인 서울만물전(조선건축기술협회 주
관)에 응모해 1등으로 당선되면서 김태식의 입지는 더욱 탄탄해졌
다. 1959년 2월 15일에는 현역 건축가 30명이 주도해 서울 구이동
에서 한국건축가협회를 창립하는데,[1] 이때 김태식은 네 번째 회원
으로서 상임이사직을 맡아 건축가의 사회적 지위 향상을 위해 적
극 노력을 기울인다. 아울러 당시 심각한 사회문제였던 주택난을
해결하기 위한 대한주택영단 평의회에도 참여하는[2] 등 건축가로
서 사회적 역할을 감당하려 애썼다.

　　김태식은 원래 연극인을 꿈꾸었지만 건축 일이 벌이가 괜찮

» 건축가 김태식이 한국건축가협회 창립에 참여했다는 내용의 1959년 2월 16일자 〈경향신문〉 기사.

다는 이야기를 듣고 건축가의 길을 택했다고 한다. 해방 직후 미군정 때는 미군 장교와의 인연으로 김포에 막사 짓는 작업을 맡았는데, 이때 큰돈을 벌면서 조선건축사회 창립 같은 대내외적 활동을 적극적으로 펼칠 수 있었다. 건축가로서 그의 전성기는 1950~1960년대라 할 수 있는데, 특히 학교건축과 사무소건축에 많은 관심을 두었다. 대표 작품으로는 해운대 극동호텔(1962년), 대한체육회 회관(1966년), 옛 제주관광호텔(1962년), 제주시민회관(1964년), 덕성여자대학교 건축물(미확인) 들이 있다.

미군정기에 좌익과 우익의 극렬한 대립으로 사회가 혼란스러웠음에도 협회나 조직을 정비하면서 활동 여건을 마련했다는 점은 그의 열정이 얼마나 대단했는지 말해준다. 그런 탓에 건축가 김태식과 관련된 작업에는 '최초'라는 단어가 무척 자주 등장한다. 앞서 언급한 건축사무소 개설이나 현상설계 당선만이 아니라 제주 최초의 관광호텔이었던 제주관광호텔, 제주 최초의 철골조 건축물인 제주시민회관도 그의 손을 거쳤다. 1967년 촬영된 제주 시내 항공사진을 보면 그가 설계한 건축물이 얼마나 중요한 위치를 차지했는지 알 수 있다.

건축가 김태식의 서울만물전 현상공모 당선작에서 알 수 있듯 그 역시 당시 유행하던 르코르뷔지에의 '근대건축 5원칙'을 따르면서 수직과 수평이 어우러진 미를 추구했다. 옛 제주관광호텔은 이런 철학이 잘 반영된 건축이었다. 건축의 기능상 표현이 제한적이긴 했지만 제주시민회관에도 공간의 분절과 도출 같은 그가 추구하는 건축미가 고스란히 담겨 있다.

건축가 김태식이 제주에 남긴 작품들

옛 제주관광호텔

1960년대부터 추진된 관광개발정책에 따라 제주에도 호텔이 하나 둘 건립되기 시작했다. 그중 제주관광호텔은 1962년에 기공하고 1963년에 개관했는데, 당시 33실 규모의 객실에 커피숍과 바 그리고 한국관까지 갖춘 고급 호텔이었다. 6장에서 언급한 〈제주신보〉 1963년 1월 4일자 기사에 실린 제주개발계획 삽화에는 제주 개발의 밑그림이 잘 묘사되어 있는데, 자세히 보면 제주시 쪽에 제주관광호텔도 표시되어 있다. 제주관광호텔은 민간 자본이 제주에 건설한 최초의 호텔이라는 점에서 의의가 있다. 이는 박정희 정권이 무척 관심을 기울인 사업이기도 했다. 사실 1960년대는 낙후된 도시의 기반시설을 확충하는 데 필요한 사업비가 넉넉

» 1967년 삼성혈 주변 항공사진. 제주시민회관(위 사각형 부분)과 제주관광호텔(아래 사각형 부분)의 규모가 상당했다는 것을 알 수 있다.

지 않은 시절이었다. 게다가 당시 제주도는 전체 예산의 90퍼센트를 국비로 충당하던 때라 호텔 건립은 쉽게 추진될 사업이 아니었다고 한다. 그런데 제주도지사였던 김영관이 제주 출신 재일교포의 참여를 이끌어내는 방안을 강구하면서 일이 풀리기 시작했다. 그 계획에는 재일교포와 긴밀한 유대관계를 형성함으로써 이들을 조총련과 분리시키겠다는 의도도 담겨 있었다.[3] 경제적·정치적 측면에서 이들을 적극 활용한 것이다. 김영관 지사의 노력으로 1962년 4월 6일 제1차 모국방문단 18명이 제주를 찾는다. 그리고 이들은 서울로 이동해 박정희 국가재건최고회의 의장을 만난다. 이 자리에서 박정희는 제주도개발계획의 일환인 관광인프라 구축의 미흡한 부분을 언급하면서 민간 호텔 건립의 필요성을 주지시킨다. 결국 모국방문단에 참여한 인물 중 재일 제주개발협회 회장이던 김평진이 나서면서 호텔 건립은 성사된다. 제주 최초의 민간호텔이 탄생하게 된 배경이다.

정부의 적극적 지원 아래 민간자본은 1962년 10월 6일 삼성혈 서쪽 국유지 830평을 58만 1000원에 매입하고,[4] 같은 해 10월 17일 기공식을 갖는다. 준공일은 1963년 10월 13일이었다. 전체 소요 비용은 약 3000만 원이었고, 건평 880여 평에 지하 1층, 지상 3층짜리 건물이 들어섰다. 객실 수만 30실(양식 16실, 한식 및 일본식 12실, 귀빈실 2실)로 구성된 현대식 호텔이었다.

기본 배치는 ㄱ자형인데, 객실 한 개의 폭을 기준으로 기둥을 두어 설계한 지극히 경제적인 철근콘크리트 구조다. 건축물은 복

» 제주관광호텔 개관을 소개하
는 1963년 10월 15일자 〈제주신
문〉 기사. 김영관 도지사(위 동그
라미)가 개관식에서 축사를 했
다. 기사 제일 아래 사진에서는 제
주개발협회장 김평진(왼쪽)의 모
습도 보인다.

잡한 기교를 부리기보다는 단순한 직방체로 된 간결한 모양새다.
1층은 서비스 공간으로, 2~3층은 객실로 구성했고, 건물 뒤쪽 중
정中庭은 현관에서는 볼 수 없지만 커피숍이나 식당에서는 잘 보여
아늑함을 준다. 건물 1층은 상층을 안정감 있게 받쳐주기에는 약
간 부족해 보일 만큼 층고가 낮다. 또 굴뚝이 건물 볼륨에 비해 다
소 과장되게 솟아 있는데, 이는 아마도 지배적 조형으로서 배치한
게 아닌가 한다. 세월의 흐름을 보여주듯 제주관광호텔은 몇 차례
상호가 변경되었는데 지금은 '호텔 하니크라운'이라는 이름으로
운영되고 있다.

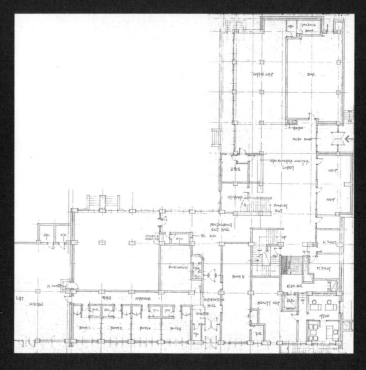

» 제주관광호텔 1층 평면도(위)
와 '호텔 하니크라운'으로 이름이
바뀐 제주관광호텔 전경(아래).

11장

한국 건축계의 거장, 김중업

한국을 대표하는 건축가 김중업

1922년 3월 평양에서 태어나 평양 고등보통학교를 나온 김중업은 요코하마 고등공업학교(현 요코하마국립대학) 건축학과에서 본격적으로 건축을 공부한다. 1941년 12월 수석으로 졸업한 그는 1944년 조선주택영단 이사장 직속으로 특수주택 설계를 담당한다. 해방 뒤인 1946년에는 단신으로 월남해 미군이 발주한 공사의 설계를 맡았으며, 서울대학교 공과대학 전임강사가 되어 건축학과 도시계획을 강의하기도 했다. 김중업은 1952년 이탈리아 베니스에서 열린 유네스코 주최 제1회 세계예술가회에 한국 대표로 참가하는데, 그곳에서 운명적으로 르코르뷔지에를 만난다. 그 뒤 1952년 10월 25일부터 1955년 12월 25일까지 르코르뷔지에건축연구소에서 3년 2개월간 근무한다. 이때 김중업은 건축만이 아니라 현대음악, 현대미술에도 눈을 뜬다. 1956년 3월 귀국한 뒤에는 건축가로서 왕성한 활동을 펼치지만 1971년 11월 도적촌사건을 다룬 글로 프랑스로 추방되고 만다. 1979년 다시 귀국하기까지

» 건축가 김중업.

8년간의 외국 생활은 김중업에게 많은 변화를 가져다준 시기였다고 한다. 1979년 한국으로 돌아온 그는 의욕적으로 활동하며 모더니즘 성향의 건축을 추구했고, 1988년 5월 11일 향년 66세 나이로 세상을 떠나기까지 무려 200여 작품을 남겼다.

한국을 대표하는 건축가 김중업은 같은 시기 활동했던 김수근과 함께 건축계의 양대 축이라 불리기도 했다. 건축이라는 같은 목표를 추구하긴 했지만 사실 김중업과 김수근은 지향점이 달랐다. 1967년 부여박물관설계안을 둘러싼 논쟁에서 극명히 드러나기도 했다. 김중업은 김수근이 설계한 부여박물관계획안이 일본풍이라며 조목조목 비판하면서 한국적 디자인의 본질에 대해 강하게 설파했다. 이에 김수근이 디자인적 요소는 한국적이며 필요에 따라 다른 풍의 디자인도 응용할 수 있는 것이라고 반박하면서 논쟁은 정점에 이르렀다. 이 논쟁을 겪으면서 김수근은 한국적

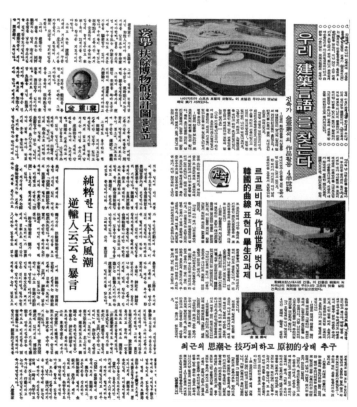

» 1967년 9월 2일자 〈동아일보〉
기사(왼쪽). 김중업은 김수근의
부여박물관 설계의 문제점을 조
목조목 지적했다.
» 한국 건축가의 역할과 과제에
관한 1981년 4월 30일자 〈경향
신문〉 인터뷰(오른쪽).

건축에 대한 새로운 시각을 갖게 된다. 김중업 역시 르코르뷔지에
의 영향에서 벗어나 자신만의 건축, 한국적 감성을 담아내는 건축
을 실현하기 위해 많은 노력을 기울인다. 1981년 4월 30일자에 실
린 〈경향신문〉 인터뷰에서 "한국적 곡선 표현이 필생畢生의 과제"
라 표현했을 정도다.

르코르뷔지에와 김중업

앞서 언급했듯 르코르뷔지에건축연구소에서 일한 3년 2개월
이라는 시간 동안 김중업은 철저히 자신만의 건축언어를 습득한
다. 1956년 3월 귀국한 그는 1957년 4월 12일에 지난 일 년간 작
업한 경주국립공원을 비롯해 학교, 주택 등 모두 15종의 설계 작
품을 정리해 중앙공보관에서 제1회 작품전을 개최하기도 했다.

그의 초기 작품은 르코르뷔지에의 건축언어를 그대로 모사
하거나 변용하는 과정에서 탄생했다. 서강대학교 본관, 부산대학
교 옛 본관, 건국대학교 옛 도서관 등이 대표적이다. 이런 흐름은

金重業建築作 品展

» 개인작품전에 참석한 김중업
(위)과 그 소식을 알린 〈경향신
문〉 1957년 4월 11일자 기사(아
래).

주한 프랑스대사관 설계를 기점으로 변화가 생기는데, 르코르뷔
지에 건축언어 혹은 서구적 건축언어에 한국적 미를 덧씌우는 작
업을 추구한다. 제주대학교 옛 본관, 부산 UN묘지 정문 등이 이
과정에 해당하는 작품이다. 그 뒤 영구 귀국한 1979년 이후에는
과거와 달리 새로운 건축적 가치를 선보이면서 한층 세련된 건축
언어로 활동을 전개한다. 육군박물관, 교육개발원 등이 그 시기
그의 생각을 잘 보여주는 작품이다.

굳이 김중업의 작품을 두 계열로 구분한다면, 하나는 기계미학에 바탕을 둔 합리적이고 기능주의적 경향의 작품이고, 다른 하나는 감성적 표현주의 경향의 작품일 것이다. 서강대학교 본관이나 부산대학교 옛 본관, 건국대학교 옛 도서관이 기능주의 경향이 녹아든 계열에 속한다면, 부산 UN묘지 정문, 프랑스대사관, 제주대학교 옛 본관은 후자에 해당한다. 특히 1960년에 발표한 프랑스대사관의 후속작처럼 느껴지는 제주대학교 옛 본관은 조형적 완성도가 높은 것으로 평가받았다.

제주대학교에 남겨진 김중업의 자취

임시시설에서 국립대학으로

제주대학교는 1952년 6월 도립 제주초급학교(제주항교를 임시시설로 사용)로 출발해 1955년 4월 도립 제주대학교(용담동 한국피혁주식회사 건물과 부지를 매입해 학교시설로 사용함)가 되었다. 그리고 1962년 3월 숙원사업이던 국립대학으로 승격했다.

국립대학으로 승격하기 일 년 전인 1961년 1월 18일 문종철 학장이 취임하는데 그는 장기적 관점에서 대학 발전 계획을 수립한다. 그런데 용담캠퍼스는 제주공항과 인접한 데다 바다가 가까워 시설을 확장하기가 곤란한 입지였다. 대학 발전을 위해서는 캠퍼스 일부를 이전할 필요가 있었다. 이에 용담캠퍼스는 법문학부

《 1 제주대학교 옛 본관.
《 2 부산대학교 옛 본관.
《 3 부산 UN묘지 정문.
《 4 서강대학교 본관.
《 5 프랑스대사관.

» 1967년 항공사진으로 본 제주대학교 캠퍼스. 바닷가에 위치한 U자 건축물이 한국피혁주식회사 건물과 부지를 매입해 학교시설로 사용하던 곳이고, 아래쪽이 현재의 제주대학교 사범대학 부설고등학교 자리에 있던 법문학부 용담캠퍼스다. 옛 본관과 대강당이 뚜렷이 보인다.

중심으로 활용하기로 하고 이농학부를 위한 새로운 부지를 물색했다. 그러나 제주시 관내에서는 새로운 부지를 매입하는 데 막대한 경비가 소요되기에 제주의 재정 형편으로는 불가능했다. 결국 제주 농고 부지와 제주대학교 부지를 교환하는 방향으로 가닥이 잡혔는데, 여러 사정으로 일이 어그러지면서 서귀포 지역으로 후보지가 바뀐다. 서귀포 지역이 제주시에 비해 토지가 저렴한데다 감귤 주산지이며 온화한 기후로 아열대 작물까지 재배되고 있으므로 이농학부를 이전한다면 농축산학과를 특성 있게 운영할 수 있을뿐더러 남제주군 발전에도 기여할 것으로 판단한 것이다. 물론 이런 결정의 배경에는 서귀읍(1981년 7월 1일 서귀읍과 중문면이 통합되어 시로 승격함) 주민의 캠퍼스 유치 노력도 크게 작용했다. 이농학부 이전 방침이 확정되자 서귀읍 동홍리 일대 7만여 평을 후보지로 선정하고 1961년 4월부터 부지 매입 작업에 착수한다.

김중업이 계획한 서귀포캠퍼스

이농학부의 서귀포 이전 계획에 발맞춰 제주대학교는 1962년 2월 서귀읍 동홍리 1510번지에 7만 1938평의 부지를 확보해놓았다. 그러나 시설비 문제로 기본 건축물 공사가 지연되고 있었다. 다행히 1963년에 정부 예산 2000만 원이 계상되면서 이해 6월에야 착공할 수 있었다. 공사 내용은 건물 여섯 동을 건축하는 것이었는데, 본관이 138평, 강의실이 182평, 실험실이 215평, 도서관이 112평, 가축병원이 50평, 창고가 50평 규모였다.

기본 시설공사가 끝난 1964년 2월에는 이농학부를 서귀포캠퍼스로 이전해 3월부터 농가정과를 제외한 이농학부 강의가 진행되었다. 서귀포캠퍼스로 이전할 당시 이농학부의 시설 규모는 신축한 건물 외에 대지 2만 평, 체육장 5000평, 농장 5만 평 등 모두 7만 5000평이었고, 부속시설로 식물원 2만 2000평, 채종포 3만 평, 섶섬과 문섬의 7만 평, 목장과 연습 임업지 197만 평 등 총 200만 평 이상이었다.

이농학부는 이전 뒤에도 부속시설을 중심으로 시설 확충이 계속되었다. 1965년에는 농장관리사, 계사, 돈사, 우양사를 신축했고, 1967년에는 실험동물사육실, 가축관리사, 농장용 창고도 지었다.

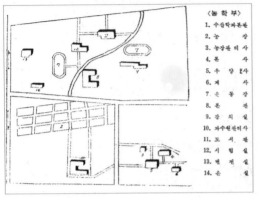
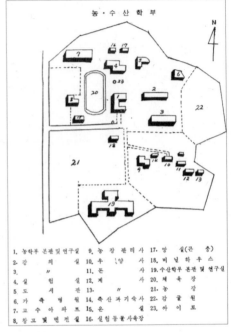

<농 학 부>
1. 수산학과본관
2. 농 장
3. 농장관리사
4. 본 사
5. 우 양 관사
6. 제 사
7. 운 동 장
8. 본 관
9. 강 의 실
10. 과수원관리사
11. 도 서 관
12. 시 험 실
13. 변 전 실
14. 온 실

농 · 수 산 학 부

N

1. 농학부 본관 및 연구실
2. 강 의 실
3. 실 "
4. 실 험 실
5. 도 서 관
6. 가 축 병 원
7. 교 수 아 파 트
8. 창고 및 변전실
9. 농 장 관 리 사
10. 우 양 사
11. 돈 사
12. 계 사
13. "
14. 축 산 과 기 숙 사
15. 온 실
16. 실험동물사육장
17. 망 실(곤 충)
18. 비 닐 하 우 스
19. 수산학부 본관 및 연구실
20. 체 육 장
21. 농 장
22. 감 귤 원
23. 싸 이 로

» 1966~1967년경 이농학부 서귀포캠퍼스 배치도(왼쪽)와 1970년경 농·수산학부 서귀포캠퍼스 배치도(오른쪽). 이전보다 남쪽으로 확장되었다.

서귀포캠퍼스 기본 시설은 김중업이 설계하고 동방공영사가 시공을 맡아 1964년 1월에 준공했는데, 본관만 2층이고 나머지 건물은 모두 단층으로 된 전원적인 특색을 가진 모습이었다. 특히 이 농학부 본관은 규모는 크지 않았지만 입면 디자인이 무척 독특하고 1층과 2층이 분리된 듯한 형태를 취했다. 1층에 제주 현무암을 사용함으로써 전체적으로 중후한 느낌을 주려 한 듯하다.

이농학부 본관 남쪽으로는 수산학부 건물도 들어섰는데 정확한 기록은 없지만 수산학부 본관의 옛 사진을 보면 3층 규모의 현대식 건축물이라는 걸 알 수 있다. 그런데 이후 증개축으로 오

» 초창기 이농학부 본관(위)과 수산학부 본관 모습(아래).

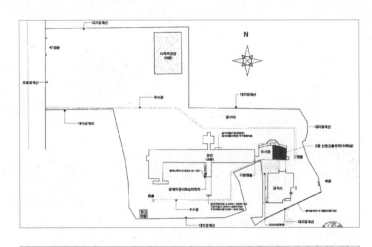

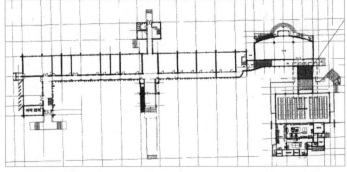

» 수산학부 본관으로 사용되었던 지금의 서귀중앙여자중학교 본관 배치(위)와 1층 평면도(아래).

른쪽 건물 일부가 잘려나간 것으로 보인다. 이 건물은 농과대학으로 사용되다가 서귀포캠퍼스가 용담캠퍼스와 통합되면서 교육청으로 소유권이 이관되었고 지금은 서귀중앙여자중학교로 사용되고 있다. 현재 남아 있는 건물은 I자형인데 증개축으로 측면의 부속 건물과 연결해놓았다. 수산학부 본관은 좌우 대칭 구조지만 네 면이 각각 다른 입면을 취하고 있다. 정면은 수직적 요소가 강

》 돌출된 루버의 모습.

» 각기 다른 건축언어로 구성된
옛 수산학부 본관 입면.

» 자유로운 구조로 세련미를 뿜
내는 내부 계단.

조되었고, 좌측면은 르코르뷔지에의 건축언어라 할 수 있는 루버
(개구부 전면에 폭이 좁은 긴 판을 일정한 간격으로 배열한 것)가 장식되어
있다. 중앙 출입구의 길게 돌출된 구조물이나 지면에서 분리된 듯
한 계단 구조는 무척 독특하다. 근대건축을 상징하는 단순하면서
도 기능성을 갖춘 요소들이 잘 반영되었다고 할 수 있다.

　　또 내부 계단은 외부의 수직적 벽체와 일체화되어 간결한 느
낌을 준다. 난간과 분리되어 있는 계단과 세 개의 손잡이는 구조와
조형, 기능이 모두 조화를 이뤄 하나의 작품처럼 보인다.

　　수산학부 본관 외에 이농학부 도서관도 이색적이다. 특유의

곡선미와 의장적 요소, 수직·수평적 배치가 균형 있게 강조된 부분은 김중업의 전형적인 작품답다. 이농학부 도서관은 ㄱ자형으로 석조와 벽돌조가 섞인 2층짜리 건물이었다.

제주대학교 용담캠퍼스 본관의 탄생

문종철 학장과 김중업의 인연

제주대학교 이농학부는 새 캠퍼스로 이전해 연구 환경이 개선되었지만, 법문학부와 가정학과가 있는 용담캠퍼스는 연구 환경이 그리 좋지 않았다. 이에 국립 제주대학교 초대 학장이던 문종철 선생은 정부에 건의해 용담캠퍼스 본관 신축을 추진한다. 당시 용담캠퍼스는 일부 강의실을 폐쇄해야 할 만큼 시설이 노후한 상황이었다. 게다가 본관 면적이 고작 573평에 불과했다. 이에 따라 1964년 정부 예산에 건물 신축사업비 일부가 계상되면서 같은 해 10월 15일 도서관을 포함하게 될 용담캠퍼스 본관 신축공사가 2년 공기로 착공되었다.

문종철 학장은 평소 친분이 있던 김중업에게 용담캠퍼스 본관 설계를 의뢰했다. 좋은 건축물이 탄생하기 위해서는 건축에 대한 이해가 깊은 건축주를 만나야 한다. 김중업은 《건축가의 빛과 그림자》에서 당시를 회상했다.

《 옛 이농학부 도서관 전경.

나를 아껴주셨던 독법학자인 문종철 선생이 제주대학교 본관
설계를 위하여 불러주셨다. 한라산 줄기를 타고 제주 앞바다에
이르는 용두암, 그 옆에 이상에 불타는 젊은 학도들을 위하여 전
당을 꾸며보자는 이야기였다. 건축이란 클라이언트와 건축가가
동심일체될 때 비로소 쾌심의 작품이 탄생된다.

두 사람의 관계가 어느 정도였는지는 알 수 없지만 건축주와
건축가의 업무적 관계 이상이었던 것은 분명하다. 그리고 이런 관
계가 한국 건축사에 길이 남는 작품을 탄생시킨 배경이 되었다.

제주대학교 용담캠퍼스 본관은 연건평 575평 규모의 4층 건
물로, 1층(119평)은 학생회관, 2층(191평)은 도서관, 3층(193평)은 행
정사무실과 교수연구실, 4층은 민속박물관으로 사용할 계획이
었다. 1964년 10월 15일 착공한 공사는 순조롭게 진행되는 듯했

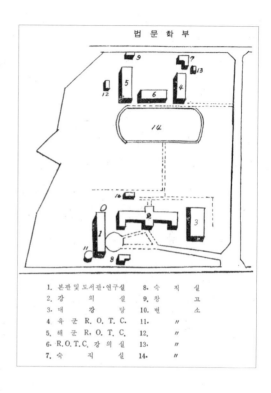

법 문 학 부

1. 본관 및 도서관·연구실
2. 강 의 실
3. 대 강 당
4. 육 군 R. O. T. C.
5. 해 군 R. O. T. C.
6. R. O. T. C. 강 의 실
7. 숙 직 실
8. 숙 직 실
9. 창 고
10. 변 소
11. "
12. "
13. "
14. "

» 법문학부 용담캠퍼스 배치도.

지만 예산 부족으로 완공은 하지 못한 채 일부 공사만 끝낸 뒤 1967년 3월 15일 본부와 도서관, 학과사무실만 우선 들어섰다. 본관 건축은 김계용 학장이 취임한 뒤인 1970년에야 완공하는데, 공사 중에 설계가 변경되어 1층 학생회관이 사라지는 등 수많은 산고를 겪어야 했다.

제주대학교 본관 신축은 제주대학교가 국립대학으로 승격되는 과정에서 이뤄진 주요 사업이었으며 제주대학교가 지금처럼 발전하게 된 토대가 되어주었다. 제주대학교 발전사에서 무척 중요한 의미를 지니는 기념비적 건축물이라 할 수 있겠다. 제주대학교를 거쳐 간 사람이라면 누구나 포근한 본관 이미지를 마음속에 간직하고 있을 것이다. 이 건물은 한국 건축사에 영원히 기억될 작품이라는 평을 받기도 했다.

제주대학교 옛 본관의 건축적 의미

제주대학교 옛 본관은 르코르뷔지에의 영향이 짙게 배어 있는 김중업의 대표 작품이다. 각 층의 평면은 기둥으로부터 벽체가 분리된 자유로운 구성이다. 또 부분적으로 분절된 형태이긴 하지만 3층의 연속적인 창, 기둥과 분리된 2층과 3층의 외부 벽체, 필로티 기능을 갖는 우측면 돌출 부분은 이 건축물의 백미라 할 수 있다. 이 외에도 옥상의 노천 스탠드는 옥상정원의 변용이다.

김중업은 르코르뷔지에의 기능주의적 철학을 적용하면서도 지역 풍토를 배려한 조형적 이미지를 강렬하게 전달하고자 했다. 1층과 2층을 기둥과 벽체가 분리된 단순한 형태로 구성함으로써 교수연구실로 사용했던 3층을 마치 날아갈 듯한 비행기 또는 바다 위에 떠 있는 선박을 떠올릴 수 있게 했다. 실제로 제주대학교 옛 본관 터는 바다에 인접한 들판이었고 한때는 일본군 비행장으로 사용되었던 곳이다. 조개껍질을 펼쳐놓은 듯한 현관, 2층과 3층으로 연결되는 후면 경사로의 기하학적 곡선은 해초류가 생각나게 하며, 바다의 생명력과 함께 제주의 역동성이 느껴진다.

그러나 이상과 꿈에 가득 차 의욕적으로 추진했던 본관은 기

» 제주대학교 옛 본관 전경(위)과
현관 모습(아래).

» 좌측 필로티(위)와 우측 경사
로(아래).

» 후면 진입 경사로.

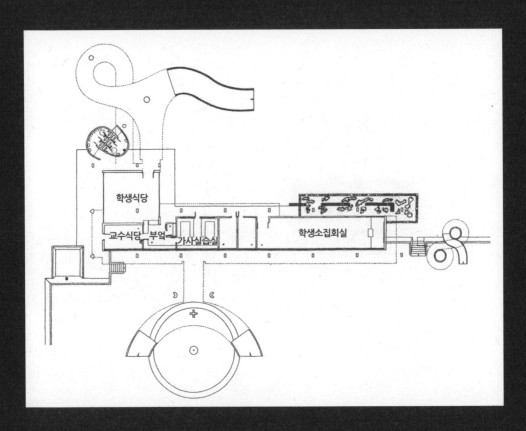

학생식당

교수식당 부엌 가사실습실 학생소집회실

» 제주대학교 옛 본관 1층 초기 도면.

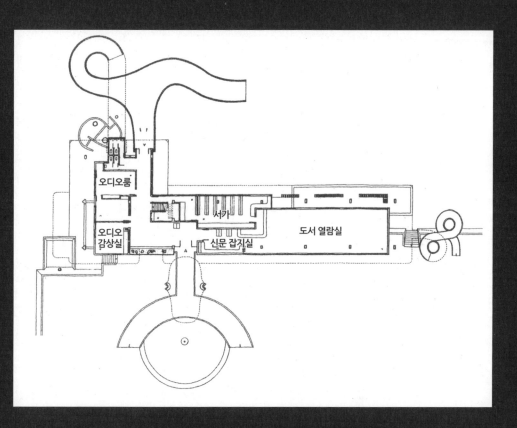

능적·구조적 측면에서 몇 가지 문제점을 안고 있었다. 기둥으로부터 과도하게 분리시킨 1층은 결과적으로는 공간 활용도를 낮췄고, 2층으로 올라가는 계단이 없어 공간적 일체감도 부족했다. 또 외부 경사로가 지나치게 강조되어 외부와 내부의 유기적 결합이 미흡했다. 특히 옥상 지붕에서 볼 수 있듯 과장된 형태의 표현은 김중업의 작품이 갖는 한계성으로 종종 언급되었던 구조적 일체감을 떨어뜨렸다.

당시 제주의 시공 기술을 고려했을 때 곡선 형태가 많은 건축물의 완공은 그 자체로 놀라운 일이었다. 그러나 바닷모래의 사용, 준공 뒤 잦은 공간 변형, 제대로 이뤄지지 않은 건물 관리는 건축물에 심한 균열을 일으킨 주요 원인으로 작용하고 말았다.

제주대학교 옛 본관의 철거와 보존을 둘러싼 논쟁이 보여준 한국 건축의 현실

한국 건축계의 대표 작품이었던 제주대학교 옛 본관은 훗날 그 자리에 부속고등학교가 들어서면서 벽면 일부가 철거되는 아픔을 겪었다. 게다가 시간이 흐를수록 건물 균열이 심해졌는데, 적절한 보수가 이뤄지지 않으면서 방치된 탓이다. 1985년 이후 옥상에서 누수가 발생해 두 차례 방수공사를 진행했는데, 1992년에 다시 문제가 생겼다. 이에 1992년 9월 재차 방수공사를 시행했지만 붕괴 위험이 있는 것으로 판단되어 공사가 중단되었다. 급기야 구조적 문제까지 제기되었다.

당시 〈건축가〉 2~4월호에서 제주대학교 옛 본관 문제를 다룰 정도로 건물을 철거할 것인지 보존할 것인지에 관한 논의가 활발했다. 1992년 11월 25일 열린 한국건축가협회 이사회에서는 옛 본관의 보존에 관한 안건이 상정되었고, 같은 해 12월 15일에는 김중업의 제자들이 제주를 방문해 기초조사를 벌이기도 했다. 해를 넘겨 1993년 2월 15일에는 한국건축가협회와 제주대학교의 공동주최로 보존 방안에 대한 세미나를 여는 등 본격적인 논의가 진행되었다. 이 자리에서는 제주대학교 옛 본관이 갖는 예술성과 상징성, 그리고 역사적 가치를 높이 평가해 보존하는 쪽으로 의견이 모아졌다. 곧 교육부, 제주도, 제주대학교의 지원 아래 본관살리기위원회가 구성되면서 본관은 원형 그대로 보전되는 듯했다.

그러나 1994년 대한건축학회의 의뢰로 건물구조안전진단조사를 벌인 결과 무른 지반, 콘크리트 중성화에 따른 성능 저하, 염분에 의한 철근 부식으로 보수·보강이 불가능하다는 결론에 이르렀다. 결국 학교 측은 보수 비용이나 건물 용도에 대한 검토 끝에 1995년 3월 1일 철거하기로 결정한다. 그리고 같은 해 10월 2일 제주대학교 옛 본관은 철거되었다.

김중업은 이 건물의 운명을 예측한 듯 《건축가의 빛과 그림자》에서 다음과 같이 말했다.

나에게도 소중한 작품이어서 오늘에 이르러 쇠퇴해가는 모습을 볼 때 무척이나 가슴 아프다. 길이 남겨두었으면 하는 마음 간절

하다. 필자는 제주도에서 생활하는 도민의 한 사람으로서, 제주대학교에서 건축 교육과 연구를 하는 당사자로서 분노와 함께 책임감을 통감하지 않을 수 없다.

앞서 말했듯 제주대학교 옛 본관은 제주대학교가 국립대학으로 승격된 초기에 시설 확충사업으로 건립된 뜻깊은 건축물이다. 또 단순히 건축적 혹은 문화재적 가치를 넘어 거장 김중업의 역작이기도 하다. 제주도에 대한 김중업의 관심과 애착이 남달랐기에 제주대학교 옛 본관의 빈자리는 더욱 커 보인다.

옛 소라의 성은 김중업의 작품일까?

김중업의 작품으로 보이는 건축물이 제주에 또 있다. 바로 옛 '소라의 성'이다. 일각에서는 김중업 작품집에 그동안 소개된 적이 없기에 그의 작품이 아니라고 말하기도 한다. 여러모로 검토할 필요가 있는 문제지만 김중업의 작품일 가능성이 높다고 보인다. 그 이유로는 몇 가지가 있는데 요약하면 이렇다. 첫째, 제주대학교 옛 본관에 적용되었던 르코르뷔지에의 '근대건축 5원칙'을 변용시켰다는 점이다. 구체적으로는 전면 아치 형태의 필로티 구조, 수평으로 길게 난 2층의 창, 천장의 보와 분리된 내부 벽체, 그리고 자유로운 평면 등이다. 둘째, 입면에 적용된 곡선 처리 방식이 제주

» 독특한 분위기를 자아내는 옥
상 외부 공간의 벽체.

» 옛 '소라의 성' 외관.

대학교 옛 본관에서 구사했던 것과 유사하다는 점이다. 특히 출입구의 필로티 상부 곡면은 단순한 곡면이 아니라 안과 밖이 일체화된 구조다. 셋째, 제주석을 쌓은 방법이 제주대학교 이농학부 옛본관이나 도서관에서 볼 수 있었던 방법과 동일하다는 점이다. 넷째, 옥상 벽체 구조물이 마치 내부로 휘감아 들어가는 듯한 평면구성과 형태 구성의 기법으로 설계되었다는 점이다. 이는 르코르뷔지에 특유의 기법이기도 하지만 김중업이 서산부인과의원이나제주대학교 옛 본관에서 사용한 기법이기도 하다.

물론 이런 주장만으로 김중업 작품으로 단언하기에는 무리

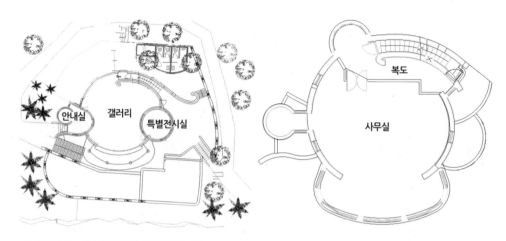

》 옛 '소라의 성' 1층(왼쪽)과 2층(오른쪽) 평면도.

가 있을지 모른다. 좀더 많은 자료를 수집해 명확히 밝혀야 할 부분이다.

옛 '소라의 성'은 단순한 듯하면서도 곡선미가 돋보이는 소규모 건축물이다. 1층은 개방적이지만 2층은 다소 폐쇄적으로 설계되었는데, 매스(외피를 이루는 덩어리 전체)의 분절이나 곡선 중심의 선형을 수평적, 수직적, 대립적으로 처리함으로써 입면을 장식한 것이 재미있다. 특히 단조로운 원형 공간에 작은 원형과 변형된 타원형을 넣어 내부 공간을 보다 역동적으로 보이게끔 했으며, 매스의 분절 효과를 높이기 위해 검은색 제주석이나 붉은 벽돌처럼 대비되는 재료를 사용했다.

곡선과 직선 요소를 적절히 활용해 건축물의 네 면이 각각 다른 표정을 짓고 있는 것처럼 표현한 것은 경사절벽과 완만한 해안

» 옛 '소라의 성' 내부 공간.

선이 뒤섞여 있는 제주 해안의 특징을 그대로 보여주려 한 의도가
아닌가 싶다. 전체적으로 주변 환경과 건물이 무척 자연스럽게 어
우러져 있어 건축물을 더욱 아름답게 부각시킨다.

옛 '소라의 성'은 한동안 음식점으로 사용되다가 제주특별자
치도가 매입해 올레사무실로 용도가 바뀌었고, 지금은 갤러리로
활용되고 있다.

» 붉은 벽돌로 축조된 원형 구조
는 강한 의장적 요소이자 내부 공
간에 변화를 주는 장치다.

12장

건축의 지역성과
기능성에 충실했던 김한섭

제주 출신 건축가 김한섭

건축가 김한섭은 1920년 제주에서 태어났다. 열두 살이 되던 1931년 부친을 여의면서 광주에서 기반을 쌓은 큰아버지의 도움으로 전남 유일의 건축 교육기관이던 송정공업고등학교에 입학한다. 다른 건축가에 비해 비교적 일찍 건축 교육을 받게 된 것은 아버지를 일찍 여읜 탓도 있지만 어릴 때부터 지도를 그리거나 대를 깎아 배나 새집 만드는 것을 즐겼던 것을 본 주위 사람들의 권유 때문이기도 했다.[5]

일본 유학과 박길룡건축사무소

송정공업고등학교를 졸업한 김한섭은 잠시 만주정부 건축국에서 근무했지만 하급 기술자로서 받는 한계와 차별을 극복하고 큰 뜻을 이루기 위해 1939년 일본대학 고등공업학교 건축과에 진학해 본격적으로 건축 교육을 받는다. 건축가 김태식이 1941년 졸업했으니 거의 같은 시기에 유학한 셈이다. 당시 일본대학 고등공업학교 건축과는 한인 유학생이 가장 많았던 곳이다. 그러나 그중 건축가로 활동한 사람은 김태식과 김한섭 둘뿐이었다.[6] 단순히 고급기술자가 되기 위해 떠났던 유학은 오영섭[7]을 만나면서 전환점을 맞는다. 식민지 조국의 현실을 직시하고 민족과 독립에 대한 진보적 사상을 접하게 된 것이다.[8] 1942년 2월 졸업한 김한섭은 오영섭의 소개로 박길룡건축사무소에 입사해 활동을 시작하지만 박길룡이 작고하면서 오래 가지 못한다. 박길룡건축사무소에서 경험한 건축 실무가 겨우 일 년 남짓이긴 했지만 김한섭은 꽤 많은 것을 배울 수 있었다. 일제강점기 말기에 박길룡은 조선건축회의 '소주택조사위원회'에서 활동했다. 이 위원회는 군수산업에 종사하는 노동자의 주택문제를 해결하기 위해 설립된 것으로, 한국 전통 주거구조와 일식 주거구조를 접합한 일종의 저렴한 노동자주택 모델을 개발하기도 했다. 일본 학자들과 전 지역의 건축 구조와 재료, 평면 등을 조사한 뒤 이를 바탕으로 박길룡이 새로운 주거양식을 제안한 것인데, 이 과정은 김한섭에게도 적지 않은 영향을 주었던 것 같다.[9]

전라남도 활동과 다시 떠난 일본 유학

1944년 목포로 내려간 김한섭은 목포공업학교 교유(敎諭, 일제강점기 정식 자격을 갖춘 중등학교 교원)로 일한다. 해방 뒤인 1946년에는 전라남도청 영선계장으로 근무지를 옮기는데, 이때 전남건축문화협회를 창립하고 부회장으로 활동한다. 같은 해 조선대학교 강사로 출강하기 시작했고 1950년에는 조교수로 승진한다. 넓게 보면 1946년은 건축가 김한섭이 교육자의 길을 걷게 되는 전환점이었고, 전라남도는 근대건축의 싹이 트는 여명기였다고 할 수 있다.

그렇지만 사회 상황이 여의치 않자 김한섭은 또다시 일본 유학을 선택한다. 1952년 즈음은 좌우 대립이 극심했고, 정신적으로 영향을 많이 주었던 오영섭마저 월북해 제대로 활동하기 어려웠을 것이다. 1939년 일본으로 유학할 때와 달리 1952년에는 밀항선을 타야 했다. 일본으로 건너간 김한섭은 일본대학 고등공업학교 건축과 동기생이자 일본대학 공학부 교수였던 마쓰이松井의 연구실에서 수학한다. 비록 체계적으로 공부할 순 없었지만 실무 중심의 경력을 쌓을 수 있었다. 아울러 르코르뷔지에 밑에서 수학했던 진보적 건축가로 당시 일본 건축계에 큰 영향을 끼쳤던 마에카와 구니오前川國男[10]와 요시자카 다카마사吉阪隆正[11]를 알게 되면서 김한섭의 건축 성향도 변화한다.

다시 전남으로, 그리고 제주로

짧은 2차 유학을 마치고 1954년 귀국한 김한섭은 전남대학교 조교수로 부임한다. 1956년에는 대한건축학회 전남지부를, 1960년에는 한국건축가협회 전남지부를 창립해 각각 초대회장[12]을 역임한다. 공익 목적의 건축단체 정비와 별도로 1957년부터는 김한섭 건축연구소를 개설해 자신만의 건축적 토대를 마련한다. 1963년에는 서울에도 김한섭건축연구소를 개설하고 홍익대학교와 중앙

» 건축가 김한섭.

대학교에 출강하는 등 활동 영역을 넓힌다. 그렇게 1980년대까지 건축가 김한섭의 전성기는 이어진다.

김한섭의 건축 철학

건축가 김한섭이 추구한 것은 사회 환경을 건축 형태나 공간에 투영해야 한다는 것이었다. 여기서 말하는 사회 환경이란 사회의 생산력, 곧 생산기술과 건축물의 목적에 초점을 둔다. 건축은 본질적으로 인간 삶을 영위하기 위한 수단이며, 따라서 사회가 제공하는 생산 능력 또는 그 환경과 밀접하게 연관되기 때문에 건축물을 만들어낼 때도 그 환경을 면밀히 이해해야 한다는 것이 그의 철학이다. 곧 한국의 생산 수준에 맞는 기계를 사용하고, 구조를 적용하고, 노동의 질을 고려해 설계나 시공을 하는 것이 궁극적으로 한국의 건축 수준을 높이는 것이고, 지역성이 배어 있는 건축을 추구하는 데 도움이 된다는 생각이었다. 이와 관련해 김한섭은 건축잡지 〈토탈디자인〉(1984년 6월호)에 실린 "건축에 대한 이념과 사상"이라는 글에서[13] "호남지방, 영남지방의 분위기와 느낌이 다른 것은 나름 문화가 축적되어 전통이 형성되는 것이며, 이런 문화를 지속적으로 쌓아가는 것, 그리고 단순히 과거의 것을 답습하는 것이 아니라 끊임없이 창조해나가는 것이 바로 전통의 계승이다"라고 언급하기도 했다. 김한섭의 지역 건축, 풍토 건축에 대한 생각을 잘 보여주는 대목이다.

이런 철학이 담긴 김한섭의 작품은 매우 과감하고 실험적인 면이 강했다. 그의 주요 활동 무대였던 전남 지역에 남아 있는 건축물을 보면 그 경향을 뚜렷이 확인할 수 있다. 용아빌딩(1957년), 광주 YWCA(1958년), 전남대학교 농과대학(1963년)이 대표적이다.

한국전쟁 직후 사회적으로 어려운 시기였던 1957년 건축된 용아빌딩은 르코르뷔지에의 도미노시스템 이론에 기반을 두면서 그의 근대건축 5원칙을 충실히 따른 작품이다. 2층 상부를 돌출시킴으로써 필로티 느낌을 준 것, 상부층을 떠 있는 듯하게 표현한 것, 중앙 계단 부분의 평면을 자유롭게 구성한 것, 최상층에 주택을 설치해 마치 옥상정원처럼 보이게 한 것이 그렇다. 특히 전면 파사드(건축물의 전면부)의 커튼월(철골 또는 철근콘크리트 구조의 건물 외피를 유리면으로 마감하는 방식)은 미스 반 데어 로에Mies Van Der Rohe의

》 전남대학교 농과대학 전경(위)
과 상부의 섬세한 꾸밈(아래).

» 모던하게 디자인된 내부 계단
의 손잡이.

철재 커튼월을 모방한 것인데, 당시 국내 기술로는 철제로 제작하
기가 어려워 목재로 대신했다. 김한섭의 실험정신을 잘 보여주는
부분이다. 광주 YWCA는 모서리에 주 출입구를 두면서 수직적
요소의 문설주가 강조된 원형 매스를 두어 상징성을 부여했다. 또
두 도로에 면한 부지를 적절히 활용해 사람들이 효율적으로 이동
할 수 있도록 배려한 것이 특징이다.

전남대학교 농과대학은 콘크리트와 조적조 구조로 커튼월을
처리함으로써 완성도를 높였고, 여러 개의 매스로 질감을 대비시
켰다. 옥상정원을 연상시키기 위해 지붕을 파도치는 듯한 곡선으
로 장식한 부분은 인상적이다. 내부는 중복도 형식으로 구성해
기능성을 높였으며 계단 손잡이 부분은 상당히 모던하게 디자인
했다.

김한섭이 제주에 남긴 주요 작품

김한섭은 1960년대 들어 제주에서도 활동한다. 1960~1970년
대 건축의 불모지라 할 수 있는 제주의 개척자 역할을 했다고 할
수 있다. 대표 작품으로는 앞서 다루었던 동문시장과 동양극장
(1963년), 옛 남제주군청사(1964년), 제주대학교 교육대학(1971년), 옛
제주신문사옥(1973년) 들이 있다.

동문시장과 동양극장

제주시에서 동문시장과 서문시장은 오랫동안 제주도민들과
함께해온 전통시장이다. 동문시장은 1954년 3월에 화재가 발생
하면서 큰 타격을 입었는데, 이 시장의 복구는 제주도민들에게
사회·경제적으로 중요한 의미가 있었다. 신축 시장은 착공한 지
14개월 만에 완공되었고, 이색적인 형태의 현대식 건물로 완전히
탈바꿈했다. 9장에서 이야기했듯 이 시장은 극장과 시장의 기능
을 한 곳에 적용한 복합문화상가였다. 영화관 내부와 영사실을 커
다란 곡선으로 처리해 마치 배의 돛대를 연상시킨 것이나 삼각형
모서리의 계단실로 뱃머리를 형상화한 것은 건축물이 위치한 산
지천 안쪽까지 선박이 드나들었던 과거의 기억을 건축물에 녹여
내려 한 흔적이다.

» 마치 뱃머리를 연상케 하는 모
서리.

》 선박 조타실과 닮은 상부.

옛 남제주군청사

옛 남제주군청사는 김한섭이 가장 왕성하게 활동하면서 건축적 감각이 무척 고무되었던 시기인 1964년에 건축되었다. 건축물은 L자형으로 크게 두 부분으로 구성되었는데, 코어(계단, 엘레베이터, 화장실 같은 편의공간을 집중시켜 편의성과 경제성을 높이고 동시에 구조체로서 기능을 갖게 하는 곳)가 있는 부분과 복도를 끼고 사무공간이 있는 부분으로 나뉜다. 측면은 김한섭이 즐겨 사용하는 건축 기법인 도출된 기둥구조를 적용했고 창문 디자인을 통해 수직적 요소를 강화했다. 인상적인 부분은 건물 전면부다. 성산일출봉을 연상시키는 독특한 디자인으로 제주만의 요소를 절묘하게 연출해냈다. 그러나 안타깝게도 이 작품은 서귀포시청 1청사가 신축되면

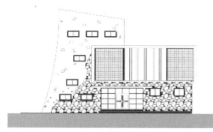

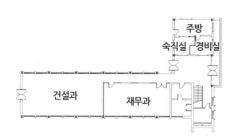
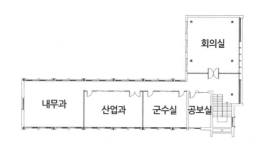

» 옛 남제주군청사 정면도(왼쪽
위), 좌측면도(오른쪽 위), 1층(왼
쪽 아래)과 2층(오른쪽 아래) 평
면도.
» 성산일출봉을 닮은 옛 남제주
군청사 전경.

서 철거되고 말았다. 상징적인 전면부만이라도 보존하는 방향으로 신청사를 지었더라면 어땠을까 하는 아쉬움이 남는다. 근대건축물의 가치는 후손들이 어떻게 관리하느냐에 달려 있다는 걸 다시 한 번 통감한다.

제주대학교 교육대학

1971년 건축된 제주대학교 교육대학은 르코르뷔지에의 건축언어가 짙게 배어 있는 모더니즘 기법에 제주만의 특성을 접목한 실험적 건축이었다.[14] 장식이 없는 구조와 그 지역의 시공 능력을 감안한 설계, 지역에서 조달할 수 있는 자재를 가지고 제주만의 건

» 자연조건을 최대한 이용하고자 했던 제주대학교 교육대학 전경(보수되기 이전 모습).

축물을 만든 것이다.

　　이런 철학을 배경으로 삼은 건축물은 약간 어긋난 二자 형태를 기본으로 하고, 그 사이를 연결함으로써 一자형 평면구조를 구현해냈다. 이는 부지가 산비탈이기에 자연 지형의 변화를 최소화하려는 노력에서 나온 결과물이었다.

　　아울러 수평으로 배치된 커다란 구조물을 가느다란 수직선으로 분절시켜 학교 건축물이 갖는 부드러움과 따뜻함을 표현해내려 했다. 二자형 건축물을 연결하는 사이 건축물의 4층 도서관과 옥탑 경사면은 二자형 배치의 단조로움을 상쇄하면서 그 배경이 되는 사라봉의 경사면과 자연스럽게 이어지도록 했다.

» 지형 요소를 최대한 살린 제주대학교 교육대학 측면 모습.

» 비스듬하게 배치된 제주대학교 교육대학 중앙 계단. 바닥에서 분리된 난간의 섬세함이 돋보인다.

옛 제주신문사옥

1973년 건축된 제주신문사옥은 잘 알려지지 않은 김한섭의 작품이다. 제주시 원도심 내에 위치한다. 기둥을 2층까지 외부로 돌출시켜 시각적 안정감을 주었고, 3층은 창호로 처리해 연속적인 느낌을 구현했다. 이런 기법 역시 르코르뷔지에의 영향을 받은 것이다. 3층 창호 윗부분을 세모 아치로 표현한 것은 단조로움을 피하려 한 의도로 보이는데 제주대학교 교육대학 본관의 상부 창호와 유사하다.

1부 일제강점기의 삶을 반영하는 근대건축물

1. 아모스 라포포트, 《주거형태와 문화》, 열화당, 1985, 72쪽.

2. 제주특별자치도·제주역사문화진흥원, 〈제주도 일제 군사시설 전수 실태조사
   Ⅱ 서귀포시권〉, 2012, 37쪽.

2부 해방 전후 혼란기에 탄생한 근대건축물

1. 소개령이 내려진 뒤 중산간 마을 100여 곳이 폐허가 되었고, 가옥 1만 5000호
   의 3만 5000동이 피해를 입은 것으로 파악되었다(《제주실록》, 1977, 44쪽 참
   조).

2. 변승규, 《제주도 약사》, 제주문화, 1992, 226쪽.

3. 노형초등학교후원회, 《노형교육 50년사》, 1998, 63쪽, 〈제주신보〉 1955년 2월
   18일자 기사.

4. 숭실대학교 한국근현대사연구회, 《분단시대》, 제주 역사·문화기행, 36쪽.

5. 김형조 씨 증언, 선흘1리 1200번지, 1922년생으로 4·3사건 당시 27세.

6. 유홍준, 《나의 문화유산답사기7》, 창비, 2013, 391~392쪽.

7. 《의정병과 60년사》(1948~2007년)

8. 강만길, 《한국현대사》, 창작과비평사, 1984, 233쪽.

9. 송율, 〈한국근대건축의 발전과정에 관한 연구〉, 서울대학교 박사논문, 1992,

111쪽

10. 대한주택공사, 《대한주택공사 20년사》, 1979, 209쪽.

11. 연와조煉瓦造라 부르는데 일종의 조적식 구조라 할 수 있다. 주택공사 자료에
따르면 당시 사용된 흙벽돌은 흙白土과 시멘트 혹은 석탄을 혼합 압축해 제작
했다(대한주택공사, 《대한주택공사 20년사》, 1979, 208쪽).

12. 〈제주신보〉 1954년 1월 31일자 기사에 따르면 1954년 1월 28일에 경찰국장
의 판단으로 조수리 주지동에서 첫 원주지 입주식이 열렸다.

13. 제주도, 〈제주도〉 제9호, 1963, 57~58쪽.

14. 도 행정 간행물 〈제주도〉에 따르면, 이재민 가운데 원주지로 복귀를 희망하
는 4365세대(총 1만 8000명)를 위해 '복귀 2개년 계획'을 수립해 정부에 건의
하고 1962년 9월 남제주군 남원면 하례리에서 복귀주택 기공식을 올렸다. 이
어 1963년에는 제1차 사업으로 800호의 복귀가 진행되었다. 제2차 사업은
816호로 4월 3일 북제주군 조천면 와흘리에서 기공식을 가졌던 것으로 기록
되어 있다. 보다 자세한 내용은 〈제주도〉 제9호, 57~58쪽 참조.

15. '이시돌'이라는 말뜻은 스페인 성직자 이름인 이시도레(Isidore, 1110~1170)
에서 왔다. 그는 황무지를 개간해 가난한 농민에게 나누어주었는데, 그의 노동
력이 세 명분에 해당해 모두가 천우신조天佑神助라 여겼다고 한다. 교회에서
는 그를 성인으로 추대해 농부의 수호성도라는 의미로 받아들이고 있다. 우락
기, 《대한지지大韓地誌1 제주도》, 한국지리연구소, 1965, 287쪽 참조.

16. 대한주택공사, 〈주택〉 11호, 1964, 29~32쪽.

17. 박철수, 〈수유리 시험주택 B형과 제주 테쉬폰 주택의 상관성 유추〉, 《대한건축
학회논문집 계획계》 제30권 제7호, 대한건축학회, 2014, 79쪽.

18. 권기혁·박철수, 〈수유리 시험주택 B형과 제주 테쉬폰 구조물 추적·조사 연
구〉, 《대한건축학회논문집 계획계》제31권 제2호, 대한건축학회, 2015, 234쪽.

19. 〈동아일보〉 1963년 8월 26일자 기사.

20. 대한주택공사, 《대한주택공사 20년사》, 1979, 364쪽.

3부 재건에서 발전으로, 사회 안정기에 구축된 근대건축물

1. 이영권, 《제주 역사기행》, 한겨레신문사, 2005, 293~295쪽.

2. 제민일보 특별취재반, 《4·3은 말한다》 1권, 제민일보, 1994, 496쪽.

3. 〈제주신문〉 1964년 4월 7일자 기사.

4부 근대건축가와 제주

1. 〈경향신문〉 1959년 2월 16일자 기사.

2. 〈경향신문〉 1960년 7월 15일자 기사.

3. 제주도지방의정연구소, 《도백열전1》, 도서출판 세림, 2006, 367쪽.

4. 〈제주신보〉 1962년 11월 27일자 기사.

5. 김홍식, "인간, 그리고 건축 반성", 토탈디자인, 1984, 24쪽.

6. 안창모, 〈건축가 김한섭 연구〉, 《경기대학교 논문집》 제44권 제2호, 2000, 181쪽.

7. 오영섭은 소화공과학원을 수료하고 박길룡건축사무소에 근무한 바 있으며 일본대학 고등공업과에서 수학했다. 졸업 후 국내에서 건축 활동을 하다가 1950년 전후 월북한 것으로 전해진다.

8. 안창모, 〈건축가 김한섭 연구〉, 《경기대학교 논문집》 제44권 제2호, 2000, 182쪽.

9. 안창모, 〈건축가 김한섭 연구〉, 《경기대학교 논문집》 제44권 제2호, 2000, 184쪽.

10. 1905년생으로 르코르뷔지에와 안토닌 레몬드 아래에서 수학했으며 모더니즘 건축의 기수로서 제2차 세계대전 이후 일본 건축계를 주도한 건축가로 유명하다. 1950년대 기술적 제반 문제 극복에 직접 혹은 간접적으로 큰 기여를 한 것

으로 평가받는다. 그의 제자로는 단게 겐조丹下健三, 기무라 토시히코木村俊彦가 있다.

11. 1917년생으로 일본 근대건축을 대표하는 건축가다. 와세다대학 건축학과를 졸업한 뒤 대학 교원으로 재직하다가 1950년 제1회 프랑스 정부 유학생으로 발탁돼 1952년까지 르코르뷔지에 아틀리에에서 근무했다. 귀국 후 요시자카 연구실을 설립해 활발하게 활동하면서 일본 건축계에 큰 영향을 끼쳤다.

12. 천득염·신태양·한승훈, 《광주건축사》, 전남대학교출판부, 2011, 192쪽.

13. 김한섭, "건축에 대한 이념과 사상", 〈토탈디자인〉 6월호, 1984, 17~21쪽

14. 김태일, 《제주건축의 맥, 제주학 총서1》, 제주대학교출판부, 2005, 108쪽.

24쪽 인터넷 인용자료.

25쪽 인터넷 인용자료.

26쪽 인터넷 인용자료.

29쪽(왼쪽) 용담동지편찬위원회, 《용담동지》, 2001.

55쪽 하우징 스터디그룹 ハウジングスタディグループ, 《한국현대주거학》, 건축지식, 1990, 197쪽.

56쪽 제주특별자치도, 《사진으로 보는 제주역사1》, 도서출판 각, 2009.

58쪽 다케노 신이치竹野新一.

59쪽 제주특별자치도, 《사진으로 보는 제주역사1》, 도서출판 각, 2009.

60쪽 제주특별자치도, 《사진으로 보는 제주역사1》, 도서출판 각, 2009.

61쪽(가운데) 《제주도세요람》 소화 12년(1937).

61쪽(오른쪽) 《제주도세요람》 소화 12년(1937).

62쪽(아래) 건축문화의해제주지역추진위원회 편, 《제주의 건축》, 1999, 76쪽.

64쪽(위) 《광복 50주년 오늘에 남겨진 일제의 흔적》.

75쪽 (사)제주역사문화진흥원, 〈등록문화재 일제동굴진지 측량도-제주시권〉, 2008.

80쪽 한국관광공사, 《알뜨르 그 아름다움 속의 낯설음》, 2007.

81쪽(위) 미국국립문서보관소 자료.

85쪽(위) 〈제주도 근대문화유산 조사 및 목록화 보고서〉.

85쪽(아래) 기술원 육군성 〈지하공장건설지도요령〉, 1945.

87쪽(위) 기술원·육군성 〈지하공장건설지도요령〉, 1945.

88쪽 제주역사문화진흥원, 〈등록문화재 일제동굴진지 측량도-제주시권〉, 2008.

103쪽(위) 제주특별자치도, 《사진으로 보는 제주역사1》, 도서출판 각, 2009.

103쪽(아래) 제주특별자치도, 《사진으로 보는 제주역사1》, 도서출판 각, 2009.

105쪽(위) 제주민예총4.3문화예술제사업단, 《다랑쉬굴의 슬픈노래》, 도서출판 각, 1999.

105쪽(아래) 제주민예총4.3문화예술제사업단, 《다랑쉬굴의 슬픈노래》, 도서출판 각, 1999.

107쪽(위) 제주특별자치도, 《사진으로 보는 제주역사1》, 도서출판 각, 2009.

111쪽(위) 김호선, 〈제주사회의 근대화에 따른 주택양식의 변화에 관한 연구〉, 제주대학교 산업대학원 석사논문, 2001.

114쪽 제주학연구소, 《제주학》 제3호, 1999.

115쪽 김호선, 〈제주사회의 근대화에 따른 주택양식의 변화에 관한 연구〉, 제주대학교 산업대학원 석사논문, 2001. 20쪽.

120쪽 대정현 역사자료전시관 향토사학자 김웅철 제공.

124쪽(위) 대정현 역사자료전시관 향토사학자 김웅철 제공

124쪽(아래) 《육군50년 역사 사진집》, 육군본부, 2000, 61쪽.

125쪽 《육군역사사진집 제1권 1945-1969년》, 육군본부, 1970, 84쪽.

132쪽 강병대 교회 전시사진.

137쪽 〈한겨레신문〉 허호준 기자 제공.

143쪽 제주시, 《제주시정 30년사》.

144쪽(아래) 김호선, 〈제주사회의 근대화에 따른 주택양식의 변화에 관한 연구〉, 제주대학교 산업대학원 석사논문, 2001. 12쪽.

149쪽 김호선, 〈제주사회의 근대화에 따른 주택양식의 변화에 관한 연구〉, 제주대학교 산업대학원 석사논문, 2001. 17쪽.

155쪽 김호선, 〈제주사회의 근대화에 따른 주택양식의 변화에 관한 연구〉, 제주대학교 산업대학원 석사논문, 2001. 24~25쪽.

157쪽 http://m.blog.daum.net/fourthking/18233863.

158쪽 박철수, "반세기 전 '인구폭발' 서울이 고민하던 서민주택…낡아서 새롭다", 〈경향신문〉 2016년 6월 6일자 인터넷 기사.

159쪽 토목기사협회The Institution of Civil Engineers, 1953.

160쪽(위) 맥그린치신부기념사업회.

160쪽(아래) 제주특별자치도, 《사진으로 보는 제주역사1》, 도서출판 각, 2009.

161쪽 제주특별자치도, 《사진으로 보는 제주역사1》, 도서출판 각, 2009.

163쪽 박철수, "반세기 전 '인구폭발' 서울이 고민하던 서민주택…낡아서 새롭다", 〈경향신문〉 2016년 6월 6일자 인터넷 기사.

165쪽 대한주택공사, 〈주택〉 11호, 1964, 29~32쪽.

169쪽(가운데) 맥그린치신부기념사업회.

169쪽(아래) 맥그린치신부기념사업회.

170쪽 맥그린치신부기념사업회.

178쪽 제주도지방의정연구소, 《도백열전1》, 도서출판 세림, 2006.

180쪽 제주도지방의정연구소, 《도백열전1》, 도서출판 세림, 2006.

185쪽 문화재청 〈제주 이승만 별장 기록화 보고서〉, 2005, 63쪽.

192쪽 제주특별자치도, 《사진으로 보는 제주역사1》, 도서출판 각, 2009.

202쪽 〈일제시기 건축도면 컬렉션〉, 국가기록원.

220쪽 제주특별자치도, 《사진으로 보는 제주역사1》, 도서출판 각, 2009.

229쪽 제주특별자치도, 《사진으로 보는 제주역사1》, 도서출판 각, 2009.

235쪽 99건축문화의 해 조직위원회·국립현대미술관, 《한국건축 100년》, 도서출판 피아, 1999.

248쪽(2, 4, 5번) 격월간 〈PA(Pro Architect)〉 김중업 편, 건축세계사, 1997.

280쪽 금성종합건축사사무소 제공.

- 여기서 명시하지 않은 이미지는 지은이 김태일이 촬영하거나 제작한 것입니다.
- 저작권자를 찾지 못한 몇몇 사진은 추후 저작권자가 확인되는 대로 합리적 출
  판 관행에 따라 게재 허락을 구하겠습니다.

'99년 건축문화의 해 조직위원회·국립현대미술관,《한국건축 100년》, 도서출판
　　피아, 1999.

금성종합설계공사,《건축가 金漢渉》, 토탈디자인, 1984.

김영관,《제주개발 50년이 서막을 열다》, 제주일보, 2014.

김태일,《제주건축의 맥, 제주학 총서1》, 제주대학교출판부, 2005.

박길룡,《한국현대건축의 유전자》, 공간사, 2005.

사단법인 제주도지방의정연구소 편,《도백열전1》, 도서출판 세림, 2006.

이영권,《제주역사기행》, 한겨레신문사, 2005.

제민일보 4·3특별취재반,《4·3은 말한다1》, 도서출판 전예원, 1994.

제민일보 4·3특별취재반,《4·3은 말한다2》, 도서출판 전예원, 1994.

제주민예총4.3문화예술제사업단,《다랑쉬굴의 슬픈노래》, 도서출판 각, 1999.

제주특별자치도,《사진으로 보는 제주역사1》, 도서출판 각, 2009.

제주 근대건축 산책

1판 1쇄 찍음 2018년 7월 10일
1판 1쇄 펴냄 2018년 7월 20일

지은이 김태일
펴낸이 천경호
종이 월드페이퍼
제작 (주)아트인
펴낸곳 루아크
출판등록 2015년 11월 10일 제409-2015-000020호
주소 10083 경기도 김포시 김포한강2로 208, 410-1301
전화 031.998.6872
팩스 031.5171.3557
이메일 ckh1196@hanmail.net

ISBN 979-11-88296-15-6 03910